不登校・登校しぶり

親子によりそうサポートBOOK

Supporting Parents and Children with School Anxiety and Refusal

埼玉学園大学大学院
心理学研究科教授
藤枝静暁 著
Fujieda Shizuaki

ナツメ社

はじめに

大切なわが子が、「学校に行きたくない」と言い始めた、学校に行かなくなったら、親は動揺し、普通にしてはいられなくなります。しかし、騒いだり、叱ったりすれば、親子関係が悪化してしまいます。そこで本書では、不登校・登校しぶりの子どもの状態を、親がある程度把握できるようになることをめざしました。「こういう気持ちなんだ」「本人もよくわからなくなっているんだ」と想像できるだけでも、気持ちが落ち着くからです。

不登校からの回復は長期戦なので、親の気持ちは、「大丈夫」であったり、「やっぱりダメかな」であったりと揺れ動きます。しかし、よいこと、悪いこと、どちらも「ずっと続く」ことはなく、必ず変わるときが来ます。

「歩」という字は少し立ち止まると書きます。不登校の子どもは、今、立ち止まっているのは、その後に歩みを再開するためだと考えてみてください。また、「親」という字は木の上に立って見ると書きます。つまり、親子の距離を少し取りながら、常に見守るのが親の役割です。

1〜2章では、親の心のサポートをめざしました。不登校初期から親子ともに一段落するまでの期間に対応しています。

3〜4章では、親子を支えてくれる社会の機関、進学への準備に必要なことをまとめました。親子で少し気持ちが落ち着いてきたころに読んでもらいたいと思います。

5章では、不登校に隠れている病気を見逃さないように、メンタルヘルスについても取り上げました。子どもの健康面が心配なときに読んでください。本書の中で、過去に不登校を経験した子どものエピソードを紹介しました。「なるほど、そういうことなのか」とわかると、さらに気持ちが落ち着くと思います。

本書を何回か読むうちに、頭の中が整理され、気持ちが落ち着き、親子で相談できるようになれば幸いです。最善策が必ず見つかります。

著者　藤枝静暁

3章 一人で悩まず、どこかに相談しよう

【不登校】4つの流れ

うちの子は今、どの段階？

初期
（登校しぶり・不登校のはじまり）

布団から出てこない
学校に行く支度をしても
玄関で動けなくなる

家を出ても、泣きながら
戻ってきてしまう

昇降口から教室まで行けない

大きなため息をつく
食事中など、すぐに涙目に
なってしまう

安定期
（充電開始）

テレビを眺めたりして
自分のペースで過ごす

ほっとした様子
あまり外へは出たがらない

あまり寝つきはよくない
時々、学校のこと、勉強のことを
話題にする

徐々に食欲が出始めている
顔色も徐々によくなっている

再始動期

学校の行事の話をすると、友だちとの出来事などを話してくれる

友だち遊んだり、話したり、勉強したりなど、前向きな言葉が出る

買い物などの外出ができるようになる

家族と笑顔で話すことが多くなる

安定期
（長期化）

することがない、ひまなどと言う

少し家の外の様子が気になり始める

散歩など、親と一緒に少しずつ外出するようになる

絵を描いたり、楽器を弾いたり、料理をしたりと創造的な活動を始める

問題集や課題など、学校の勉強に興味がわく

初期の対応のポイント

親は

- 子どもがゆったりできるように見守る
  徐々に子どもは落ち着いてくる
- 一緒に勉強をしたり、遊んだり、
  お話する時間を作る
- 子どもの話を聞いてあげる
  （学校に行かないことを責めずに、ゆっくりと聞く）
- 疲れている様子のときは、無理をさせずに休ませてあげる

学校とは

- 担任の先生にお休みする旨、連絡する
  そのときに、子どもの様子を伝える
- 提出物を届けるなど、
  学校に行く機会があれば、
  担任の先生、養護教諭などに
  状況を説明し、相談する
  場合によっては
  スクールカウンセラーへ
  相談の予約を入れる

ここも読んでみましょう

安定期の対応のポイント

親は

- 学校に行かないことで、親子ともに焦る気持ちや不安が出てくるが、できるだけ心を落ち着かせて子どもと接する
- 登校を無理に促さない
- 子どもを見守りつつ、話しかけてきたら、受け止める気持ちで聞く
- 不登校が長期化すると親の気持ちが参ってしまう場合もあるので、スクールカウンセラーなどに相談してみる話を聞いてもらうだけでも、不安は和らぎ、心が落ち着く

学校とは

- 時々、電話で担任の先生に子どもの様子を伝え、同時に学校の行事などの様子を聞く
- 再登校に備えて、学校とのつながりは切れないようにする
- 子どもの気持ちを尊重しつつ、担任の先生と子どもが対面か、あるいは電話で話せるような機会を作ってみる

ここも読んでみましょう

第1章 Q11 学校へ行かない間、他の子どもはどのように過ごしているのでしょうか？ …… P.38

第1章 Q12 不登校のわが子が自信を失わないように何かさせたい …… P.40

第1章 Q15 子どもの気持ちは安定してきている様子。これからどうすればいい …… P.46

再始動期の対応のポイント

親は

- 担任の先生から聞いた学校の様子を子どもにも伝える
発表会などの学校の行事がある時期ならば、そうした情報を教えてあげる
- 午前中だけ登校してみようか、興味のある教科だけ出てみようかなど、話し合う
ただし、子どもの気持ちを第一にする

学校とは

- 担任の先生に、だいぶ元気が戻ってきた子どもの様子を伝える
- 仲のよい友だちがいる場合は、席を近くにしてもらうなど、少しでも安心して登校できるように学校に相談する

ここも読んでみましょう

第1章 Q19 少しだけ、学校に行けるようになった。今後、注意すべきことは? …… P.56
第1章 Q21 進級の時期が近づき子どもは不安そうな表情をしている …… P.62
第1章 Q23 不登校から回復した事例を教えてください …… P.66

1章

Q&A
「学校に行きたくない」うちの子、どうしちゃったの？

Q 01

小学校低学年
小学校高学年
中学生

学校を休む日が増えていて、心配

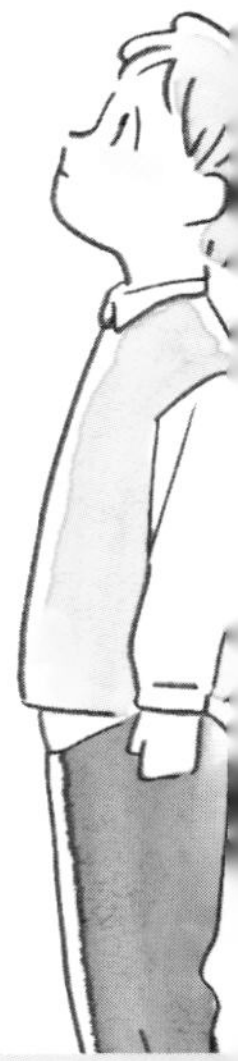

数日前から、学校に行かなくなりました。毎朝、学校に行く支度をさせても、家から出ることができません。

POINT

- 10年前と比べて、小学生の不登校は増えており、現在は当時の約4倍です
- 低学年の子どもは、自分でも自分の状況や気持ちがわからないことが多いです
- 原因を見つけるよりも、まずは、寄り添って大丈夫だよと声をかけてあげましょう

不安な気持ちが生まれて当然です

低学年のうちから、学校に行けなくなると、「この先どうなるの?」と不安になります。ですが、実は不安な気持ちを持つことは、とても重要なことなのです。不安な気持ちが、対応策や解決策を探す原動力になるからです。

学校に行けなくなると、子どもはとても不安です。親も不安になると、子どもにも伝わり、子どもはさらに不安になってしまいます。ですから、

普段通りに子どもに接するよう心がけましょう。

そして、思い出してください。入学前は、親子で通園し、あるいは、園バスで通園していました。つまり、子どもたちは必ず大人と一緒でした。しかし小学校へ入学すると、ランドセルを背負い、荷物を持ち、学校まで自力で通学します。これはとても大変なことなのです。

これまで頑張って登校してきたことをほめてあげましょう。そして、しばらくは親子で登校することを提案し、話し合ってみてください。

子どもから「もう大丈夫」と言う日が来る

親子での登校は、親にとっても大変かもしれません。ですが、できれば、子どもが「もう大丈夫」と言うまで、続けてあげてください。

子どもは必ず大きくなり、いずれ、親の手を必要としない日が来ます。

幼い頃、学校に行きたくないと悩んでいた自分と一緒に、親が学校に行ってくれたことは、きっと大人になっても忘れられない大切な思い出になり、その子を一生力づけるでしょう。

Q 02

小学校低学年
小学校高学年
中学生

夏休みの終わり頃から「学校に行きたくない」と言っている

夏休みの終わり頃から、「学校に行きたくない」と言うようになりました。いざ学校が始まれば行くだろうと思っていたのですが、9月の初日に休んでしまい、その後も欠席が続き心配です。

POINT

- 夏休み明けは、不登校が増える時期です
- 休み癖がついてしまい、だらけているようにも見えますが、理由を聞いてみましょう
- 親は不安が高まり、「どうしよう」と焦りますが、少し落ち着きましょう
- 学校と連携してお子さんをサポートしましょう

学校が再開することへの緊張と不安を抱えている

大人でも、家と会社にいるときとでは、緊張感がちがいますよね。子どもも同じです。家ではくつろいでいられますが、学校では、一定の緊張や不安を抱いています。低学年ですと、「鉄棒できるかな」「給食を時間内に食べ終わるかな」などです。**大人から見ると、些細な悩みに見えますが、低学年の子どもにとっては、大きな問題なのです。**

子どもが気になっていることを話してくれるようならば、その話を丁寧に聞いてあげてください。**ポイントは、聞く役割に徹することです。**親の意見を交えずに、子どもの話を聞くのです。親が不安な気持ちをしっかりと受け止めてくれれば、子どもの不安はずいぶんと和らぎます。

親の不安への対処法
一人で悩まない

子どもが「学校に行きたくない」と言い出したら、親も不安になるのは自然なことです。まずは、家庭で話し合うことが一番です。家族で向き合えば、一人で抱えるよりも不安は半分ですみます。難しい場合は、担任の先生やスクールカウンセラー（SC）※に話してみましょう。

一緒に考えてくれる味方がいるとわかれば、不安な気持ちは和らぎます。一人で抱えないようにしましょう。

低学年のときは、親と離れることに不安を感じます。これは「分離不安」と呼ばれる状態です。不安を減らし、安心感を増やすために、「行ってらっしゃい」と「おかえり」と言いながら、ギュッとハグをしてあげてください。

親子のふれ合い、声かけの一つ一つが愛着であり、子どもを支えるエネルギーになるのです。

※スクールカウンセラー（SC）　児童・生徒、保護者、教員のカウンセリングを行うカウンセラー。

Q03

小学校低学年
小学校高学年
中学生

いじめられているわけではないが学校に行きたがらない

学校を休むことがポツポツあります。学校に行った日も、何とか行っているという感じです。毎朝、今日は行けるのかと心配です。いじめを受けているのか聞いたところ、本人は「ちがう」と言います。

POINT

- 登校をしぶる理由はいじめとは限りません
- クラスに気が合う友だちがおらず、居心地がよくないのかもしれません
- 高学年は第二次性徴期の始まりで、当人が心身の変化に戸惑っている可能性もあります

意識的に普通に会話しましょう

いじめの被害にあっているわけではないのであれば、安心ですね。しかし、「では、なぜ?」と他の理由を探し始めてしまうと思います。そういうときは口調がキツくなったり、責めるような言い方になったりしがちです。

まず、自分自身に「落ちついて話そう」「静かに話そう」と言い聞かせてから、子どもに話しかけましょう。「気になることがあるのかな」「心配事

がある？」など、話しかけるときのセリフも事前に考えておくことをお勧めします。

クラスに馴染めていないのかも

もしかすると、クラスに気軽に話せるような友だちが見つかっていないのかもしれません。クラスの友だち全員と話す子はまれです。大抵の場合、特定の決まった相手と話すことが多いのです。したがって、話題や趣味が合う相手が見つからないと、一人で過ごす時間が多く、つまらないのかもしれません。

班替えや行事を通じて、新たな友だちができます。それまで、図書室に行ってみるとか、一人だからこそできることを親子で探してみませんか。

身体の変化に戸惑っている可能性もあります。最近、ＬＧＢＴＱ※が話題にのぼります。低学年の頃は意識しなかったのが、高学年になり、身体の変化に違和感を抱くことがあります。

たとえば、人前でスカートをはくのが嫌などです。しかし、なかなか大人には言えず、一人で悩んでいる場合もあります。やはり、子どもから丁寧に話を聞くことが必要です。

※ Lesbian、Gay、Bisexual、Transgender、Queer や Questioning の頭文字をとった言葉。性的マイノリティを表す総称の一つ。

COLUMN

困ったら相談してよいことを伝える！

困っているのに相談できない。そんな状況を改善しましょう。

低学年の場合、「困った」というよりも、「嫌だ」「行きたくない」といった言葉で表現されます。低学年の子どもは、自分の状態を把握し、言葉で伝えるのは難しいからです。だからこそ、「行きたくない」と言葉にできたとき、親は、その気持ちを表現できたことを、まずは認めてあげましょう。

この「気持ちを受け止めてあげる」という行為により、それだけで、子どもは気持ちが楽になります。そして、「行きたくないと言っても大丈夫なんだ」とわかり、以後のSOSも出しやすく、大人に相談できるようになります。

高学年になると、「相手に心配や迷惑をかけたくない」といった理由で相談をためらう場面が多くなります。そうした場合は、次の二つの理由から、「相談してよいのだよ」ということを伝えてください。

一つめは、人間はお互いに助け合って生きているということです。今回、自分の話を聞いてもらったら、今度、相手が困っているときには、話を聞いてあげればよいのです。

もう一つは、「相談された相手は、信頼されていると感じて、嬉しい気持ちになる」ということです。**相談をすることも、されることも、双方にとって負担ではないということを伝えます。**子どもが悩みを話してくれたときは、「話してくれて、ありがとう。そのことが心配だったんだね」と相談してくれた行動そのものをほめ、心配な気持ちを受け止めてあげます。こうした対応を重ねることで、相談することへの抵抗感は徐々に下がっていきます。

子どもの気持ちを上手に引き出す聞き方の例

気持ちが落ち込んでいる子どもと話すときは、責めない、ゆっくりと急かさないことに気を付けて、理由を5W（when, where,who,what,why）に沿って聞いていきます

学校に行きたくない

そうなんだ。行きたく
ないんだ。わかったよ。
どうして行きたくないのか、
お母さんに話してくれる？

わかんない。でも、友だちが
時々、いじわるしてくるような
気がする

いじわるされている
気がするんだ。最近のこと？

ううん。もっと前。運動会の前

そうなんだ。運動会の前なんだ。
先生に相談してみる？

ううん。今日は学校に
行きたくない。グスッ

今日は行きたくないんだ

うん

わかった。
じゃあ、今日は特別だよ。今日は
お家で仕事ができるか、お母さん、
会社に相談してみるよ

……ありがとう。お母さん、
ごめんね

（今日は調子がよくないんだな。
今日なら仕事の調整も付きそう
だし、私も会社に相談してみよ
う）

Q 04

小学校低学年

小学校高学年

中学生

一緒に登校しているが親が帰ろうとすると泣いたり、ぐずったりする

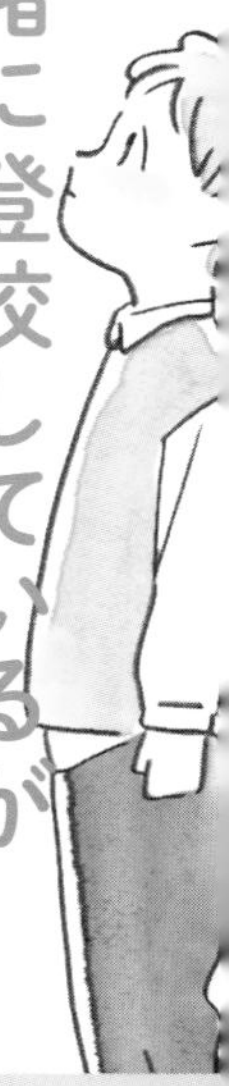

入学直後から登校しぶりが始まり、今は親子で一緒に登校しています。他の子が登校班に交じって登校しているのを見ると、うちの子はずっとこのままなのだろうかと心配になります。

POINT

- 低学年の子どもが親と離れることに不安を感じることは、よくあることです
- その不安が大きく、持続するようだと、不安症／分離不安症（p170）の可能性が疑われます
- 小学校に入学後、新たな人間関係、生活環境の変化などがきっかけとなり、分離不安症が強く現れていると考えられます

甘えではなく不安を訴えていると理解する

分離不安症が強いお子さんは、親の姿が見えないと、「もう会えないのではないか」という不安が高まります。それは怖いことなので、学校まで同行した親が帰宅しようとすると泣き出したり、実際に、親が去った後は、玄関でうずくまって動けなくなったりします。しばらくはできる限り、子どもの側《そば》にいてあげてください。

たとえば、教室の廊下で待機するなどです。子どもは、友だちと話したり、休み時間に友だちと遊んだりして、楽しい経験をしているうちに、不安が紛れてきます。子どもの気持ちが学校へ向かったようであれば、「家で待ってるね」など、そっと声をかけたり、手でグー!のサインを出したりして、帰宅して大丈夫です。少しずつ、子どもが一人で学校にいられるようにしましょう。

帰宅をしたら、不安ごとこどもを抱きしめてあげましょう

子どもが帰宅したら、「おかえり!」と言って、抱きしめてあげましょう。その後、おやつを食べながら、学校の話を聞いてあげましょう。朝あんなに泣いたのに、帰宅して「楽しかった」という子どもの様子に、親は驚いたり、戸惑ったり、ホッとしたり、さまざまな気持ちになります。

帰宅後や週末は親子で一緒に過ごしましょう。

家にいる時間は、スマホで言えば、充電時間に相当します。家でしっかり充電すれば、学校で元気に過ごすことができ、たとえ不安になったりしても、乗り越えられます。ただ、月曜日の前日の日曜日は、遅くまで遊んだり、遠出をしたりして疲れてしまうことは避けた方がよいです。しっかり休んで、充電して、月曜に備えましょう。

Q 05

小学校低学年

小学校高学年

中学生

つらそうでも登校は続けるべきですか？

毎朝、無理やり学校に連れていき、なんとか保健室登校が続いています。しかし、本人はとてもつらそうで、こちらもつらくなってしまい、心が折れそうです。

POINT

- 身体の健康を確認しましょう
- 本人から、何がつらいのかを丁寧に聞き取り確認しましょう
- 親子で解決が難しいときは、担任の先生やSCの先生等に相談し、客観的なアドバイスをもらいましょう
- 親が冷静さを維持できるよう、親も話を聞いてもらいましょう

つらい理由が健康面にあるのか病院で確認しましょう

生まれ持っての身体の特徴や疾患があり、体がつらい可能性がゼロではありません。見逃してしまうと、後で困ることになりかねないので、念のため、病院で診てもらうことが望ましいです。もし、医学的に何も問題が見つからなければ、安心です。そして、**蛇足ですが、何もなかったからと言って子どもを責める材料にはしないでください。**

体と心はつながっています

心の不調から、腹痛、微熱、だるさなどの身体症状が起こることを「心身症」と言います。心のつらさの原因は学校にある場合もあれば、家庭にある場合もあります。私の経験でも、家庭の問題が子どもの不登校問題として出ている場合がありました。念のため、家庭での子どもへの関わり方をチェックしてはいかがでしょう。

たとえば、子どもから見た夫婦関係はどう映っているか？　嫁姑関係は？　父（母）の子どもへの関わり方は？　などです。

スクールカウンセラー（SC）を活用しよう

家庭に問題が見つかったとき、夫婦で話し合うのはとても大切でよいことです。しかし、それでも解決できないこともあります。専門家に相談することで、考えを整理し、知らなかった情報を得ることができ、新たな突破口が見つかるかもしれません。専門家への相談については、3章（p91〜）を参照してください。

Q 06

小学校低学年

小学校高学年

中学生

不登校の兄姉の影響で弟妹も不登校になりそう

長子が不登校になり、2番目の子どもも不登校気味です。最近は、末っ子まで行きたくないと言うことがあり、3人とも不登校になってしまうのではないかと不安です。

POINT

- 複数のきょうだいが不登校になっているのであれば、その子どもへの支援だけでなく、家族全体への支援が必要なのかもしれません
- 学校に仲のよい友だちがいることは、登校への動機づけになります
- 学校に「安心していられる場所」があれば、登校への不安や抵抗感は起こりにくくなります

親の関心が一人に向かい、他のきょうだいへの関心が希薄になりがち

最初に、長子が不登校になった際には、家族の関心が長子に集中していたと思います。あるいは、家庭の中での話題は長子のことばかりになっていたかもしれません。その間、2番目、3番目の子どもは、親と関わる時間が少なくなったり、関心を向けてもらっている感じが薄く、「私のことも見てよ」という欲求不満状態にあったかもしれま

せん。

　教育学や心理学では、「観察学習」という言葉が使われます。観察学習とは、他者の振る舞いを見て、よいことも、よくないことも覚えることを言います。**今回のような場合、2、3番目の子どもたちは親の関心を引くために、不登校になることを、兄姉の姿を見て学習している可能性があります。**

　もちろん、子どもですから、観察学習したことを無意識のうちに実行しているのかもしれません。いずれにしても、不登校の連鎖が起こっている可能性があるので、家族全体への支援が必要と考えられます。

仲のよい友だちがいたり学校に居場所があるとよい

　人は楽しいことがあれば、そこへ行きます。むしろ、行きたがります。テーマパークがよい例です。学校に、気が合う友だちがいれば、その友だちとの会話や遊ぶことが楽しみで、登校できます。そうした友だちがいなくても、学校の中で落ち着ける居場所があれば、登校します。居場所は、教室、別室（空き教室）、保健室などです。学校と相談・協力しながら、楽しみを見つけ、登校を継続できるように支援するとよいでしょう。

Q 07

小学校低学年
小学校高学年
中学生

学校に行かなくなり昼夜逆転の生活になった

友だちとのトラブルをきっかけに学校に行かなくなりました。昼間は寝て、夜は起きているという状況です。
親が、何かできることはありますか？

POINT

- 昼夜逆転など生活リズムの乱れは、不登校児童生徒の約4割に見られます
- 夜型生活には理由がある場合が多いです
- 生活リズムを元に戻すには、親子の協同作業が必要です。責めると、むしろ悪化します

不登校の約4割は生活リズムが乱れる

文部科学省の「令和2年度不登校児童生徒の実態調査」で、不登校児童生徒の約4割は生活リズムが乱れていることがわかりました。
要因は複数ありますが、多くの子どもたちに共通すると考えられる事例を紹介します。現在大学生の2人が、不登校だった中学生時代を振り返って話してくれました。

日中の外出は、先生や友だちに会うかもと不安でした。次第に、夜中にコンビニに行くようになり、昼夜逆転しました。学校に行っていないことがいつも気にかかり、24時間落ち着かない感じでした。

親から学校に行っていないことをいろいろ言われ、「マジ、ウザッ！」「私だってわからないよ」と内心で思ってました。親と顔を合わせるのが嫌で、家族が寝た後に食事をしたり、音楽を聞いたり、好きなことをしていました。

その後、自分でも不思議ですが、高校には毎日行けて、大学生の今はすごく楽しいです。中学時代は確かに暗黒だったけれど、あのときがあったから今があると思います。

不登校状態の子どもは決して楽をしているわけではなく、苦しんでいる様子がわかります。昼夜逆転を責めるよりも、昼間に親子でおやつを作るなど、楽しい時間を設けてみてはどうでしょうか。日中、安心して過ごせれば、生活リズムも自然と元に戻ります。昼夜逆転の生活を問い詰めるほど、逆効果となってしまうのです。

Q 08

小学校低学年

小学校高学年

中学生

イライラして、時々、暴力をふるい、物を破壊する

夫や私が少しきつく話すと、暴力をふるってきたり、壁やドアを壊したりします。

POINT

- 子どもが親に暴力をふるうことは普通の状態ではありません
- 家族の危機＝今までの家族のあり方、子育てを見直し、将来に向けてやり直す機会でもあります

年々増加する家庭内暴力

法務省の発表によると、少年による家庭内暴力の認知件数は、ここ20年間で大幅に増加しています。家庭内暴力の認知件数の推移と不登校児童生徒数の推移はほぼ重なっているのです。暴力の被害者は、母親が約6割、父親は1割強、きょうだいが約1割となっています。

暴力は暴力を生みます。これを暴力の連鎖と言います。率直に言いますと、親への暴力は、子ど

もが小さかった頃に、親が価値観や行動を強制的に押しつけた、子どもを力で従わせたといった過去が原因の一つと考えられます。子どもにしてみれば、自分の考えや意思を大事にしてもらえず、親の言うことに従ってきたのに、今の不登校というつらい状態になってしまったと考えているのです。その怒りが親に向けられている可能性があります。

Q01で紹介したように、子どもは自分が苦しかったときに、親がそばで支え、大切にしてくれたと感じていれば、暴力をふるうことはないでしょう。つらいとき、苦しんでいるとき、親が子どもに向き合ってきたかどうかが重要になります。

不登校状態への葛藤が家庭内で爆発している

Q07で紹介したように、当人は家にいても落ち着かず、イライラした気持ちを抱えています。家で過ごしている分、ストレスを発散する場もなく、物に当たるなど、家庭内で発散するしかないのかもしれません。

当人を避けずに、見守りながら、話に耳を傾けながら、時間をかけて親子関係を再構築しましょう。 親子だけでは解決が難しい場合は、医師やカウンセラーに仲介役として入ってもらうことを勧めます。

家庭内暴力は増加傾向にある

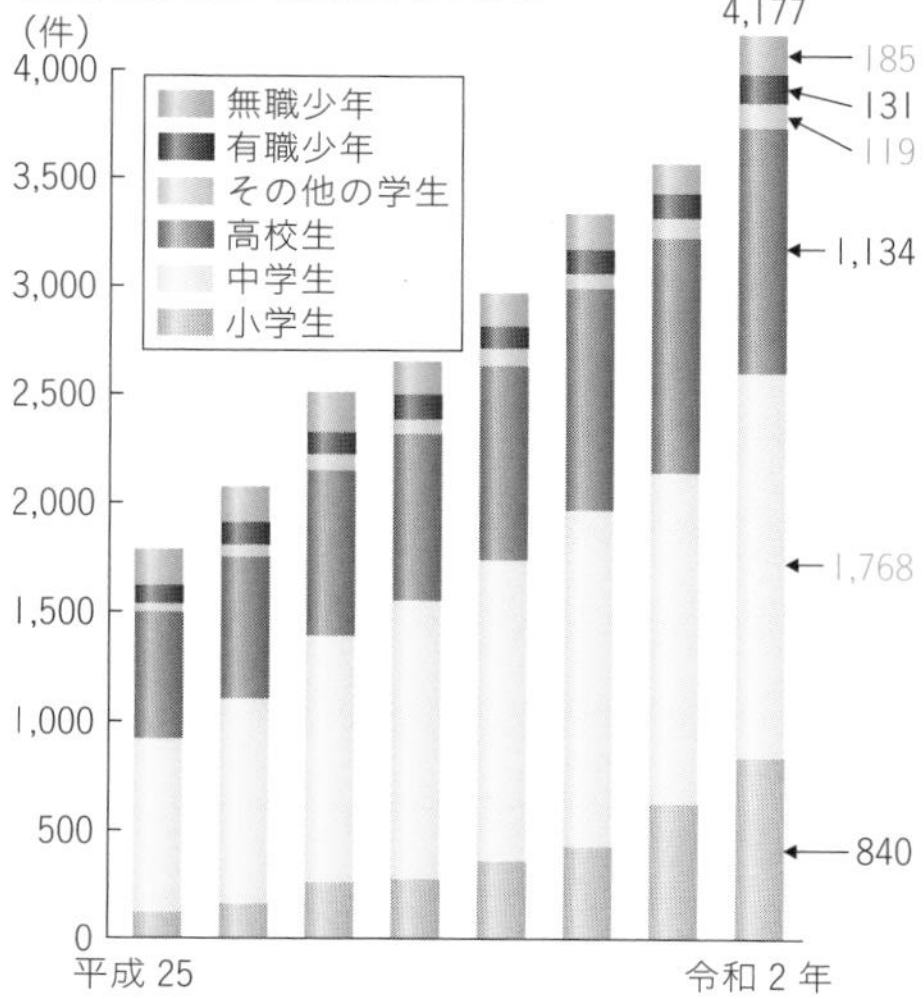

「少年による家庭内暴力 認知件数の推移（就学・就労状況別）」（法務省）をもとに作成

Q 09

小学校低学年

小学校高学年

中学生

学校に行かない理由は友だちとのSNSが原因？

入学してすぐにクラス全体のSNSグループに入りました。しかし、しばらくすると、元気のないときが多くなり、そのうち学校に行かなくなってしまいました。

POINT

- 登校しぶりの理由を推測で判断せず、当人の話を丁寧に聞いてみましょう
- スマホを使用する時間、時間帯、ゲームとの併用についてなど、使うルールを決めるのもよいでしょう
- 子どもにインターネットやSNSとの付き合い方を教えましょう

学校に行かない理由を推測で決めない

中高生の相談では、「親は何でもスマホのせいにする」という声があがっています。最初から決めつけるのではなく、まずは子どもの様子を観察しましょう。元気がないときと、スマホを使用しているタイミングは重なっているでしょうか？SNSで困っていることがないか、直接子どもに尋ねてみるのもいいでしょう。その際、詰問口調にならないよう気をつけましょう。

ＳＮＳではなく、学校生活での不安、苦手な相手がいる、勉強についていけないなど、別に原因がある場合があります。

心配している気持ちを伝え ゆっくり話し合いましょう

親は子どもを心配し、あれこれよくないことを想像してしまいます。その想像が不安を増幅させ、不安な気持ちは怒りに変わってしまいます。そこで、次のようにしてみてはいかがでしょうか。

- 深呼吸して心を落ち着かせ、心配しているという気持ちを伝える。
- 落ち着いた声で、ゆっくりと声をかける。

ネガティブな思考のループ（反すうと言います）に陥っていないか自己チェックしてみましょう。思考の反すうが始まると、他の可能性に気づきにくくなります。親子で話し合う中で、やがて、本人から原因と思われることを話してくれます。

ＳＮＳとの付き合い方を教えてあげる

ＳＮＳを使い過ぎると心身ともに疲労するのも確かです。ＳＮＳと距離を取り、すぐに返信する必要はないこと、ＳＮＳ上のやり取りは誤解を生みやすいことも教えてあげましょう。

Q 10

小学校低学年

小学校高学年

中学生

友だちとうまくいかず つらそうに登校している

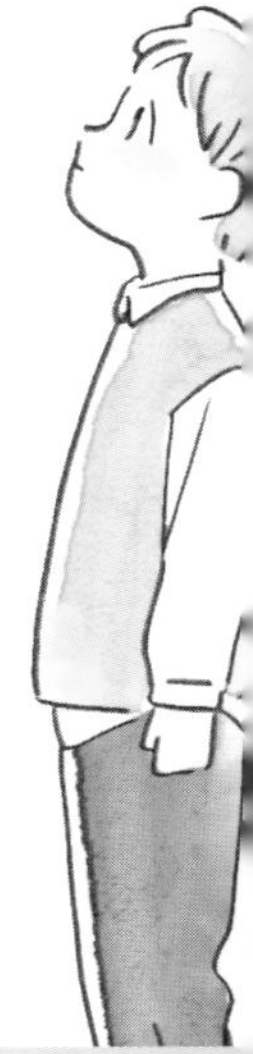

友だちに余計なことを口走ってしまったり、しつこくからんでしまい、そのせいでけんかになったり、孤立してしまったりしているようなのです。

POINT

- まず、学校の先生に心配している点を伝え、学校での様子を教えてもらいましょう
- 苦手な場面での振る舞い方を教えてあげましょう。ソーシャルスキル教育が有効です

友だちとのトラブルは学校が楽しくない原因になる

子どもの学校での楽しみは、休み時間に友だちと遊ぶことや、一緒に話しながら帰ることです。

その楽しいはずの時間が、仲間といざこざになったり、一緒に遊べなかったりすると、つまらない、あるいは、いじめられていると捉えるようになり、学校に行くことが楽しみではなくなってしまいます。

発達障害についても念頭に置く

　過去の失敗体験から、「また、失敗するかも」と不安を感じることを「予期不安」と言います。たとえば、「今日もけんかしてしまうかも」「授業中に指されたらどうしよう」などです。こうした不安は誰でもありますが、**周囲が思っている以上に、当人にとってつらい状況の場合があります。**不安が強くなると、失敗を避けるために登校しないということになります。

　自閉スペクトラム症（p172）といった発達障害がある場合、コミュニケーションが苦手、急な変更に対応できない、こだわりが強いといったことから、トラブルや叱られる経験が増え、その結果、予期不安が強くなり、登校しぶりにつながることがあります。

　子どもにこういった傾向がある場合、大人が一緒に対応を考えてあげましょう。学校での苦手な場面についてゆっくり聞き取り、何について困っているのかを明確にします。

　本人にとっては「うまくいかない」状況なので、時間をかけて話を聞き、**どうしたらよいか具体的な行動の仕方を教えてあげましょう。その際に、内容を文字やイラストにして示すとわかりやすくなります。**

COLUMN

子どもが変わるソーシャルスキル・トレーニング

普段の行動を少し変えるだけでコミュニケーション力が格段にアップします。

「話を聞いてたの?」「しっかり聞きなさい!」親であればこんなセリフを使った経験があると思います。親がこのセリフを使うときは、子どもが何かミスをしたときでしょう。

しかし、このセリフには大きな落とし穴があります。

このセリフを繰り返し言われている子どもは、「また怒られた、注意された」と思うものの、具体的にどうすればよいのかはわかっていません。そのため、何度も注意されてしまいます。

これを改善するためには、「どうすればよいのか」を教える必要があります。それはつまり、「しっかり」の言葉に含まれている、暗に期待されている「行動の仕方」を教えるということです。

たとえば、例にあげた「しっかり聞く」とは、次のページの5つの具体的な行動のことを指します。5つの中で、子どもができていない行動があれば、それを教えてあげるのです。こうした技法は「ソーシャルスキル」と呼ばれ、わかりやすく言うと、「人づきあいのコツ」です。

子どもが「しっかり聞けた」ときには、ソーシャルスキルの観点からほめます。

たとえば、「お母さんの顔を見て聞いてくれたから、『あ、聞いてるんだな』ってわかったよ」という具合です。

具体的に伝えることで、子どもは自分の行動のどこがよかったのかがわかり、「話の聞き方」に自信を持つことができます。

『聞く』ときに気をつけるだけで
みるみる「聞き上手」になれる!5つのスキル

まずは大人がやってみせましょう

スキル①　相手の顔を見て聞く

スキル②
今やっていることを
いったんやめる

スキル③　うなずきながら聞く

スキル④　体を相手に向ける

スキル⑤　相手の話を最後まで聞く

Q 11

小学校低学年
小学校高学年
中学生

学校へ行かない間、他の子どもはどのように過ごしているのでしょうか？

不登校になってひと月ほどになります。いくらか表情が和らいできたようにも見えます。ただ、やることがなくて、ボーッとしていることや、だらだらしている時間が増えた気がします。

POINT

- 表情が和らいだことは、緊張や不安が和らいできたことの表れでしょう
- 本人と話し合い、家の手伝いや一緒に料理することを提案してみましょう
- 不登校を経て、再スタートした生徒2名の例をご紹介します

家での居心地がよいことのサインです

今までの緊張や不安が和らぎ、安心して過ごせている様子です。「やっと落ち着けた。ホッ」という気持ちでしょう。心が安定した後、子どもたちがどう過ごし、変わっていったのかを紹介します。

（中学生の女の子）将来、ファッションデザイナーになりたかったので、家にいる間はひたすら絵を描いていました。デザインに興味を持っ

ていることを知らなかった親は驚いていましたが、黙って見守ってくれました。絵を通して、自分が考えていることや感じていることを表現できたと感じ、少しずつ元気になれました。ある日、「明日から、学校に行こう」と思えて、登校を再開しました。

絵を通して内面を表現できたことと親子の会話が、カタルシス効果※を生んだのでしょう。

（中学3年生の男の子の父）2年間の不登校を経て、中学3年生から再登校しました。長期の不登校から、周囲からは、体力面の心配をされました。しかしうちの子は、「体力はあるから大丈夫」と言って、不安そうな様子はありませんでした。実は不登校の間、夜に私と2人でマラソンをしていたのです。最初は黙って走るだけでしたが、そのうち、親子で少しずつ話をするようになりました。

お父さんとの会話によって、彼の考えや気持ちは少しずつ整理され、同時に体力も付き、再登校へつながりました。この体験もやはり、カタルシス効果です。

この2人に共通していることは、不登校の時期に貴重な体験をしたことが再登校につながり、同時に家族の絆も強まったということです。

※カタルシス効果　不安、イライラ、悲しみといったネガティブな感情を表現することで苦痛が緩和され、安心感を得られる現象のこと。

Q 12

小学校低学年
小学校高学年
中学生

不登校のわが子が自信を失わないように何かさせたい

不登校になり半年です。本人も他の人とちがうことを気にしていて、「もう手遅れだ、どうせ無駄だ」など、自己否定的なことを言います。このままでは、自信を失ってしまいそうです。どうしたらよいですか？

POINT

- 何かした方がよい。体や手を動かす作業が有効です
- 本人と話し合い、家の手伝いや一緒に料理するなどを提案してみましょう
- できたときには、ほめるチャンス到来です！　たくさんほめましょう

親子で話し合う

不登校が自己肯定感の低下につながることはあり得ます。ただ、親がそのように心配していても、子どもがどう思っているかはわかりません。親が「子に自信を付けさせたい」と考えて、一方的な提案をしても、子どもは戸惑ったり、緊張感が強くなったりして、逆効果になる可能性もあります。子どもの気持ちを十分聞きながら、何かを始めてみるか、もうしばらくこのまま過ごすかを話し

合ってみましょう。

「大きな計画よりできそうな計画」が成功のポイント

大人から見た「これなら自信につながるだろう」というプランは、不登校状態にある子どもにとっては、大抵の場合、大きすぎます。**コツは、日常生活で毎日していることの中から題材を探すことです。**たとえば、子どもがお風呂を洗ってくれたら、「今日のお風呂は特に気持ちよかった。ありがとう」と声をかければ、本人は「喜んでもらえた」「家族の役に立った」と自信につながります。

あるいは、毎日の食事を親子で一緒に作るなどもいいですね。親と一緒に料理を作るという経験は、大人が想像する以上に子どもにとってはよい経験、よい思い出となります。また料理の過程では、切る、炒める、こねるなど、手を使う動作がたくさんあり、これらの動作には気持ちを安定させる効果があります。一緒に作った料理を食べて、「おいしい！　料理の才能あるね」などと話せば、親子で笑顔になります。

普段の過ごし方で、自信の低下を防ぐことはできます。**自分で何かをして、その結果、人の役に立った、人を笑顔にしたという経験が、自信やポジティブな気持ちにつながります。**

Q 13

小学校低学年

小学校高学年

中学生

登校しぶりだったが不登校になってしまった

今では、登校しようとさえせず、何もする気が起きないと言い、担任の先生からの電話にも出ようとしません。外出することも少なくなりました。

POINT

- 親の不安や焦りが、子どもにも伝わると、子どもも不安定になるという悪循環が起こります。不登校問題はある程度の長期戦になるものだと家族で心づもりし、ドッシリと構えましょう
- 家に長くいるからこそ、おうち時間を安心して過ごせるようにしましょう
- 学校とのつながりはキープしましょう

これまでの子どもへの接し方を振り返ってみる

登校しぶりが始まってから、今日までの子どもへの接し方を客観的に振り返ってみてください。

もしかすると、「なんで登校できないんだ」という怒りや、「何が原因なんだ?」という理由のわからなさから来る困惑した気持ちを、子どもに向けていませんか?

実は、**子どもは、親と同じかそれ以上に「登校**

できない」ことへの苦しさ、不安、親に申しわけないという気持ちを抱えています。大変難しいですが、そこを酌んであげてください。混乱し、怒っている親の様子を見せれば、子どもはますます自分を責めたり、親とどう接したらよいのかわからなくなり、親子関係がわずらわしいと思うようになります。

家庭を本人が安心していられる場所にする

具体的には「普通に接する」ことです。「この状態で普通に接することなどできるか」と思うかもしれません。しかし、先ほど述べたように、親が怒りや不安を子どもにぶつけても解決はしません。「おはよう」「ご飯だよ」「お父さん、行ってくるよ」などの日常会話から始めて、少しずつ親子の会話量を増やすことを心がけてください。

そして、学校との連絡、連携は続けるようにしてください。先生からの電話に子どもが出られなくても、親が先生と話し、その内容を短く伝えてください。「今日の給食はサバカレーだったんだって。食べてみたいな」など雑談でよいのです。

学校とのつながりがあることがわかれば、子どもは見捨てられた、忘れられたという不安を持つことはありません。

小学校低学年
小学校高学年
中学生

Q 14

小学校低学年
小学校高学年
中学生

学校に行かなくなりゲーム時間が増えた

もともと、ゲームが好きな子でしたが、学校へ行かなくなり、ますますゲーム時間が増えました。依存症ではないかと心配です。

POINT

- 「何のために学校を休んでいるの」といらだつ気持ちは当然です
- このままでは学校に復帰できなくなってしまうのではないかと心配になるのも当然です
- しかし、冷静に、責め口調ではなく、会話を通して本人の気持ちを聞き取りましょう

親のゲームに対する主観を確認する

親が「ゲーム＝ダメ、よくない」という先入観を持っていないか、自問してみましょう。自分の好きなゲームを一方的に拒否された子どもは「話しても無駄」と考えて、親子の距離が広がってしまいます。

今や、「e-スポーツ」という分野があり、多くの人がゲームを楽しみ、プロとして生計を立てる人もいます。ゲームそのものの善悪ではなく、ゲー

ムとの付き合い方を親子で話し合う必要があるのです。

子どもがゲームにはまるのには理由がある

「あのゲームなんて言うの？」「あのキャラ、かわいいね」など、まず、最初の一言を考えておいて、できる限り、静かに話しかけましょう。お母(父)さんも興味を持っているよ、ということを伝える感じです。子どもは、「あれ？　注意されるかと思ったら、ちがうんだ。どうしたんだろう？」と逆に、こちらに関心を寄せます。

子どもが、ゲームの話を始めたら、「この子はゲームのどこに魅力を感じているのか」という視点から、話を聞きます。つまり、**ゲームを「親子のコミュニケーションの材料」**と、**ポジティブに捉えるのです。**

次に、**ゲーム以外にも楽しいことがあることを教えてあげましょう。**子どもがゲームに求めていることの代替案を親子で探します。音楽・映画鑑賞、絵を描く、野菜の栽培、物づくり、料理、釣り、温泉など、話し合いながら見つけるのです。最初の一回目に取り組むことができたら、ほめて、自信につなげましょう。ゲームを止めさせるというより、他のことに置き換えることを目標にします。

Q 15

小学校低学年

小学校高学年

中学生

子どもの気持ちは安定してきている様子。これからどうすればいい？

朝起きて、
学校に行かないことを除いて、
普段通りに生活しています。
この後、どうすればよいでしょう。

POINT

- 休んだおかげで、行動するエネルギーが回復してくる時期です
- 何かしようかと意欲面でも回復してくる時期です
- 一進一退のつもりで焦らず見守りましょう

回復初期の特徴

この時期の特徴は、エネルギーの回復です。具体的には、家にいるときに「家にいてもつまらない」などの言葉が聞かれます。今までは、外出を嫌がっていたのに、「〇〇へ行ってみたい」など外出することへの抵抗も減ってきます。先生の家庭訪問に応じたり、友だちとＬＩＮＥができるようになったり、人と関わる力も回復してきます。

この時期の子どもは、外での居場所を見つけようとしています。子どもだけで見つけることは難しいので、これまで乗り越えてきたように、親子で一緒に話し合って探しましょう。

学校と事前に打ち合わせをしておきましょう

たとえば、意外とすんなり学校復帰できることもあれば、未だできそうにない、という場合もあります。後者の場合、学校の先生に相談し、他にどんな選択肢があるかを教えてもらいましょう。各自治体には教育支援センター（適応指導教室、p116）があります。これは学校と家庭の中間の施設と考えてください。**教育支援センターは、できる限り親子で見学と体験入学をすることをお勧めします。**本人が体験した上で決めることが望ましいのです。

再登校のタイミングも大切です。一般的には、新年度のスタート時や新学期の開始時が選ばれています。再登校にあたり、当人は相当に緊張しています。また受け入れるクラス側の準備も重要です。たとえば本人が話しやすいお友だちがいれば、一緒のクラスにしてもらえるように、学校に相談してみることです。逆に、苦手な相手と同じクラスになることは避けてもらうなどです。本人の気持ちを中心において、周囲からの協力があれば心強いでしょう。

Q 16

小学校低学年
小学校高学年
中学生

いじめがきっかけで休みがちになった。登校させるべきか

いじめ被害の心配があるので、子どもが「今日は休みたい」と言った場合、休ませています。勉強の遅れが気になり、これからどうしたらよいのかわからず、親子で悩んでいます。

POINT

- PTSDともなるいじめの悪影響から子どもを守りましょう
- 別室登校なども選択肢の一つとしましょう
- 対応策はそれぞれの長所と短所を把握した上で、子どもの意思を尊重しながら判断しましょう

いじめ被害から身を守るための登校拒否

不登校の原因の一つにいじめがあります。**実際にいじめがあったかどうかではなく、児童や生徒自身が「いじめられている」と感じていることがいじめなのです。**いじめの程度も幅が大きく、1日で終わるものから、数か月、数年にわたるものまであります。いじめが長期化すればするほど、被害者への影響は大きくなり、PTSDの原因と

なる可能性が高まります。**子どもがいじめによって心理的に苦しんでいる、身体への危険を感じている場合は、登校よりも心身の安全を優先しましょう。登校を拒否する理由と経緯については、学校にも伝えてください。**

別の場所を居場所として登校し学習を続ける

いじめ加害者がいるので、クラスには入りたくないが、学習は続けたい、学校に行きたいと思う子どももいます。その場合、当面の間は、別室登校などの形で配慮してもらえるように、学校と話し合いましょう。もし、学校との話し合いに不安や不信感がある場合は、SCに相談し、SCを仲介役として学校と話し合うとよいでしょう。

別室登校として安心したものの、しばらくすると、クラスの友だちと関われない寂しさやつまらなさも出てきます。「いつ教室に戻れるのかな？」と気になり出したら、子どもの気持ちを優先し、先生やSCと定期的に面談し、教室復帰の可能性や時期について相談してください。

学校に対して、教室が児童や生徒にとって安全な居場所となるように、「いじめは絶対にいけないこと」という指導の徹底を繰り返し伝えます。言いづらい場合は、SCを介して伝えてください。

COLUMN

いじめとPTSD

いじめはPTSDにつながります。早急に対応することが大切です。

いじめ問題は年々深刻化している

文部科学省によると、いじめの認知件数は2012年頃から増加し、特に小学校1〜4年生での増加が顕著になっています。

2011年に滋賀県大津市で起きた、いじめが原因による自殺事件をきっかけに、2013年に「いじめ防止対策推進法」が成立しました。この法律では、理由にかかわらず、いじめはやってはいけない行為であり、いじめ防止の観点から、保護者は子どもがいじめ加害をしないよう指導する責任があることが明記されました。

また、学校全体でのいじめの防止・早期発見と対処の目的で、各学校で「学校いじめ防止基本方針」の策定が求められました。

いじめによるPTSDの影響

国立精神・神経医療研究センターは、心的外傷後ストレス障害（PTSD）について、「とても怖い思いをした記憶が整理されず、そのことが何度も思い出されて、当時に戻ったように感じ続ける病気」と説明しています。

いじめの被害者は、考え方や物事の捉え方が被害的になり、他者を怖い存在と考えるようになります。その結果、コミュニケーションを避けるようになることもあります。自分の存在価値を認められなくなり、自傷行為や、うつ病等を発症するなどのリスクもあります。こうした場合は、自分を守ることを最優先にし、登校しない＝いじめ被害からの避難も選択肢に置いてください。

◆近年のいじめの認知件数

学年別いじめの認知件数のグラフ（小・中・高・特別支援学校の合計）

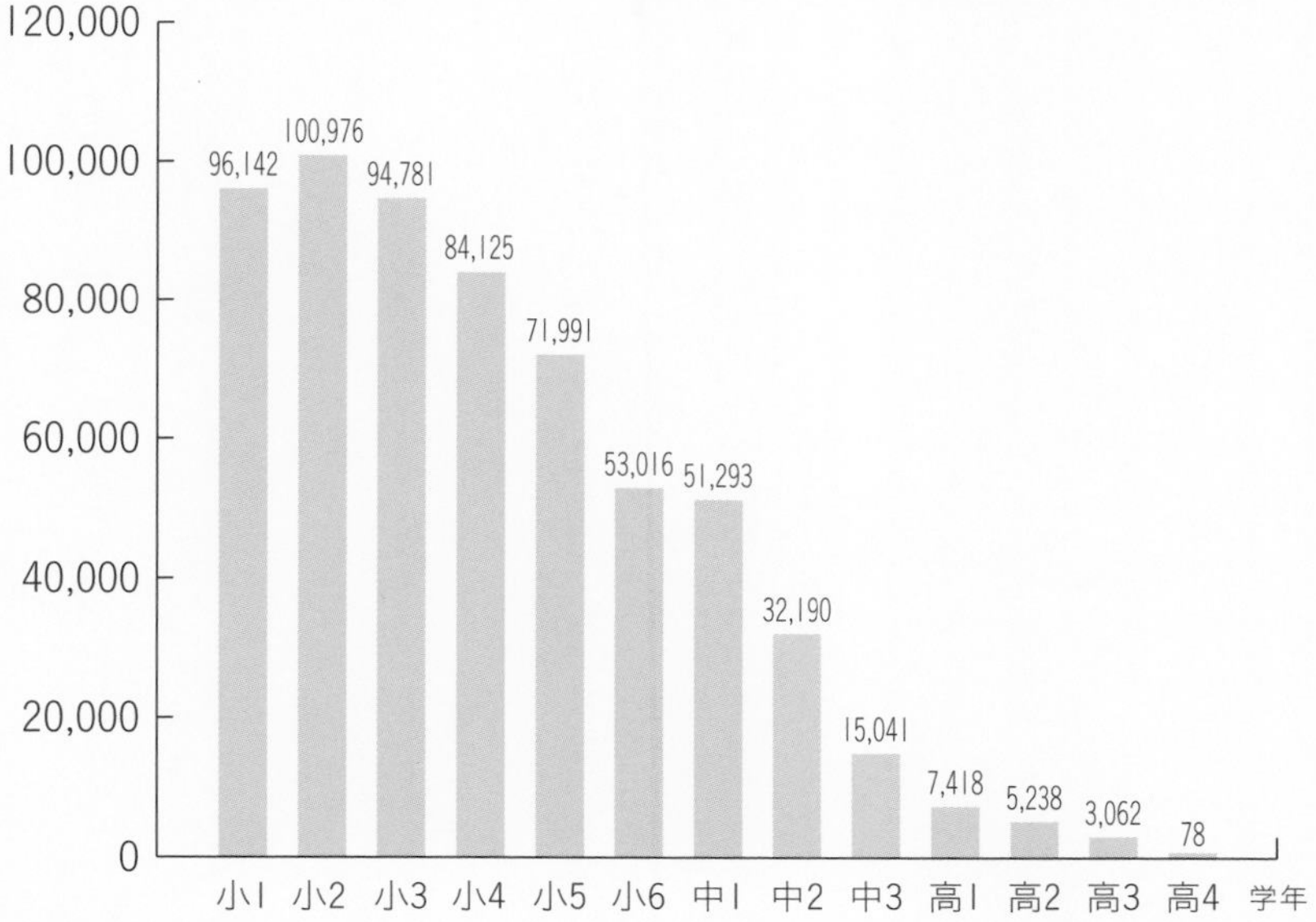

出典：「令和３年度 児童生徒の問題行動・不登校等生徒指導上の諸課題に関する調査結果について」（文部科学省）

※「高 4」は、通信制、定時制高校で 4 年目以降のデータを反映したもの

つらく怖い経験の直後は、ほとんどの人に同様の症状が現れる可能性があるが、事件や事故から1か月経っても回復しないときは、PTSD の可能性を考えて専門家に相談する。

◆PTSDのサイン・症状

突然、つらい記憶がよみがえる	突然、つらい体験で味わった感情がよみがえり、感情が不安定になり、取り乱したり涙ぐんだり怒ったりする。同じ悪夢を繰り返し見ることもある。
常に神経が張りつめている	緊張が続いている。常にイライラしている、ささいなことで驚きやすい、警戒心が極端に強くなる、ぐっすり眠れない、などの過敏な状態が続く。
記憶を呼び起こす状況や場面を避ける	自分で気づかないうちに、記憶を呼び起こすきっかけを避けるようになる。結果、行動が制限され、日常生活・社会生活が送れなくなることもある。
感覚が麻痺する	苦しみを避けるために、感情や感覚が麻痺することがある。家族や友人に対する愛情や優しさなどを感じられなくなったり、人に心を許すこともできなくなることがある。

Q 17

小学校低学年
小学校高学年
中学生

将来、ユーチューバーになりたいと言っている

不登校になり、親としてはそれだけでも不満なのに、今度は、私があまりよく知らないユーチューバーという仕事をしたい、と言い出しました。子どもが何を考えているのかわからず、けんかが多くなりました。

POINT

- けんかが多くては、話し合いができないので、一度、冷静になってみましょう
- 深呼吸により、気持ちを落ち着かせます
- 誰にとっても、夢は大切なものです

「〜したい」気持ちを言葉で言えることはよいことです

将来の夢は、今を生きる力、自分の将来を設計する力の源になります。一度は休みがちになった

中学生の事例を紹介します。

将来、海洋学者になりたくて、そのために海洋について学べる大学への入学をめざしています。まずは出席日数も必要なので今は学校を休

まず、頑張って勉強しています。

このように、**聞いた大人が驚くほど、子どもは深く考えています。**この生徒も、SCとの会話を重ねていくうちに、徐々にこの気持ちを教えてくれました。今、お子さんが将来何をしたいか言ってくれていることは、本当によいことなのです！

冷静に話し合えば情報が得られ気持ちも落ち着き、関係もよくなる

頭にきている状態で話しても、けんかになって、疲れと不愉快な気持ちが増すだけです。そのうちに、「あの子には何を言っても無駄」「話にならない」と切り捨てるような感情に至ります。

子どもも「頭から否定してくるから、親とは話したくない」「話しても無駄」と思い、話し合いを拒否するようになります。まずは頭を冷やす＝感情のコントロールを身につけましょう。その場でできる方法を紹介します。

深呼吸（腹式呼吸）

体内の空気をすべて出し切るつもりでゆっくりと吐き出す。「フー」ではなく、「フーーー」と長くゆっくりです。吐き出せば、自然に息を吸いたくなるので、「鼻」から吸います。口ではなく鼻からです。お腹に空気がたまったら、口からゆっくり吐き出します。細く、長く、ゆっくりとです。これを3回繰り返すと、気持ちが落ち着きます。

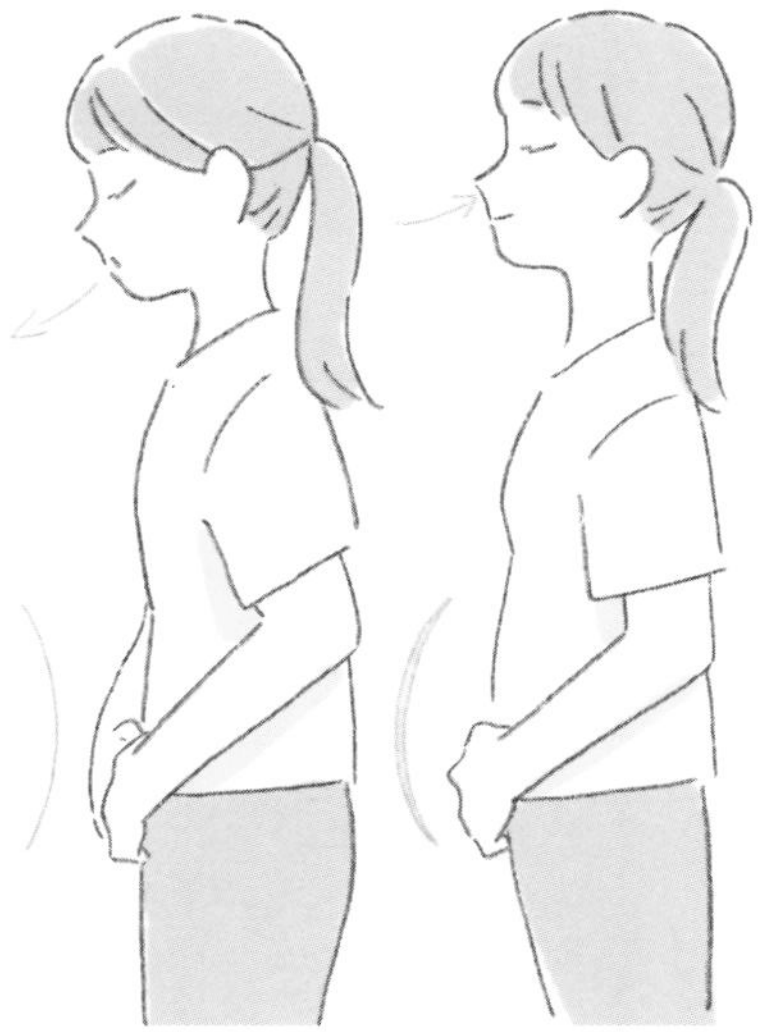

Q 18

小学校低学年
小学校高学年
中学生

医師から起立性調節障害と診断された

診断され、治療を受けていますが、症状はあまり変わりません。高校受験も気になり始めました。

POINT

- まず、診断の結果、起立性調節障害とわかったことが安心材料です
- 通院して、服薬していることも安心材料になります
- 服薬＋運動＋規則正しい生活を送りましょう

体調不良の原因がわかったことをプラスにとりましょう

起き上がったときなどに頭痛やめまいがしてつらい状況にもかかわらず、原因がわからなければ、今より不安になっていたことでしょう。

原因がわかったことで対処ができることにまずは安心できると思います。起立性調節障害は小学校高学年から高校生くらいで症状が出ることが多いと言われています（p36）。どのような対応がで

きるか、起立性調節障害と診断された人の体験談を見てみましょう。

夏の部活のときに、寝不足が原因で熱中症にかかりました。それをきっかけに、起立性調節障害が出てしまい、数か月間、学校に行くこともできず、つらい思いをしました。医師からは、規則正しい生活と十分な睡眠を取るように言われ、それ以来、生活習慣を見直し、睡眠時間をちゃんと取るようになりました。

心身の健康がすべての基本

体調がよくないために、学校を休んでしまうと、勉強の遅れや、受験生であれば受験への影響が気になります。そのことが気持ちの焦りやストレスを生んでしまうかもしれません。しかし、焦らずに、体調を整えることを第一に考えましょう。

登校に支障が出ている経緯は、担任の先生に報告しましょう。また、心理的なストレスも起立性調節障害の一因となるので、SCに話を聞いてもらい、心のモヤモヤ、イライラを解消することも有効です。心が晴れると身体も元気になり、身体が元気になれば、やる気もわいてきます。

Q 19

小学校低学年
小学校高学年
中学生

少しだけ、学校に行けるようになった。今後、注意すべきことは？

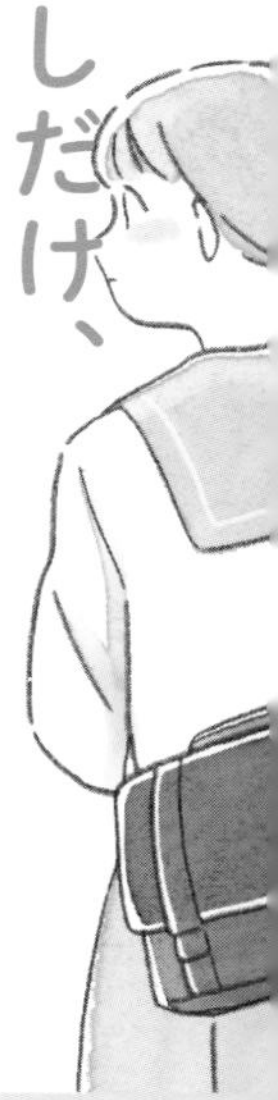

週に1回ほど、午後からですが、登校できるようになりました。親としてはうれしい反面、いつまで続くか心配です。こういうときは、見守ることがよいのでしょうか？

POINT

- 子どものエネルギーが少しずつ回復し、意欲が戻りつつあります
- 学校であったこと、勉強のことを話題にするようになります
- 親はどんなにかうれしいでしょう。しかし、喜びを過剰に表現することは我慢し、これまで通り、子どもの気持ちを第一にしながら普通に接しましょう

回復期の特徴

回復期間を経て、子どもの体内にエネルギーが戻りつつあります。

子どもに見られる特徴は、関心が外へと向かう、学校や友だちのことが話題にのぼる、勉強や受験のことが話題に出る、「暇だ」と時間を持て余す、訪ねてきた先生や友だちと会って話すなどです。「ちょっと歩いてくる」などと言って散歩に行くことは、筋力を取り戻すことにつながります。

学校と連携し登校の形を相談する

学校の先生も「よかったね」とうれしい気持ちで待っているでしょう。大人の期待が大きいと子どもにはプレッシャーになるので、ほどほどに抑えて、自然に振る舞ってください。家庭と学校が連携し、当面の登校の形を相談しましょう。**ただし、親が先回りして、「先生と相談して、〜と決めたからね。明日から行くんだよ」というようなことを言うのは避けましょう。**

本人の気持ちを聞きながら、週に○日など登校の頻度を相談しましょう。次に、教室、別室、保健室など、どこに登校するかを考えます。学校での滞在時間も無理がないところから始めましょう。好きな教科の時間から登校する方法もありますよ。

再登校が始まっても、そのまま順調にいくとは限りません。時間をかけてゆっくり、慣らしていくつもりでいてください。学校に行けた日は、落ちた体力と緊張感で、疲れています。帰宅したら、「おかえり」と温かく迎え、普通に接してください。

本人が学校の話を始めたら、向き合って、よく聞いてあげてください。「へー、そんなことあったんだ」と受け止める感じです。

Q 20

小学校低学年

小学校高学年

中学生

保健室に登校できるようになった。次のステップは？

親同伴での登校ですが、毎日、保健室に通い、養護教諭と話をしたり、勉強に取り組むことができるようになりました。もう少ししたら、次のステップに行けるとよいなと思っています。

POINT

- 保健室への登校が安定してきたとのこと、これまでの親子の頑張りに拍手！
- 学習への関心も出てきていることから、活動するエネルギーが溜まってきたのでしょう
- 次のステップは、これまで通り、焦らず、子どもの気持ちを聞き、学校と相談しながら、決めましょう

自分の居場所があることの安心感

保健室という居場所があることは、子どもにとって、大きな安心材料です。 養護教諭をはじめ、学校の対応もありがたいですね。不登校の子どもは、心のどこかで、常に学習の遅れを気にしていますので、保健室で勉強ができることも、本人にとって安心材料になります。

まず、子どもが「保健室はもういいかな」「お友

だちと一緒がよいな」など、次への行動を口にし始めたときに、相談に乗ってあげてください。ただし、大人が先回りしたり、「保健室はもういいんじゃない。そろそろ教室に戻ったら」と催促したりすることは控えましょう。子どもの言葉をよく聞き、変化をよく観察してタイミングを見逃さないようにすることがポイントです。

当人を交えて学校と相談する

保健室の次のステップに行くとなれば、子どもの「〜したい」という気持ちを中心に置きながら、学校と話し合います。**ポイントは、「友だちと関わりたい」気持ちが強いのか、「勉強したい」という意欲が強いのか、あるいは、両方あるのかです。**この「〜したい」という気持ちが「〜をする」という行動のエネルギーなのです。実際に、午前中だけ教室に行ってみるとか、行動するようになると、周囲の大人はドキドキ、ハラハラします。しかし、意識して普通に接してください。

もし、子どもが「疲れた」と言うようなら、時間を短くする、頻度を減らすなど、調整しながら、「これくらいがちょうどよい」を探しましょう。「時間をかけてゆっくり」が基本です。

保健室登校の１日

どのような１日を過ごすのか、支援の内容、運営体制などを見てみましょう。

ある保健室のスケジュール例

8:00　登校　※遅れて登校する子どももいる

直接保健室に登校する子どももいれば、ランドセルやカバンを教室に置いてから、筆記用具などの必要な物のみを持って保健室に来る子どももいる。出席確認、1日の予定を話した後、子どもたち自身で自分の予定表に学習計画を記入する。何をすればよいか困っている子どもがいたら、一緒に計画を考える。

午前

不登校や登校しぶりの子どもは、学校に来ることに一番体力を使うため、適宜、子どもたち自身が望むこと（勉強やお話、休憩等）を行えるようにする。担任の先生が用意してくれたプリントや副教材のドリルで学習したり、昨日の出来事、学校の行事、友だちや先生のことなどを話したりする。時折、他の子どもたちが来室することもあるので、常に、それぞれの子どもが安心して過ごせるよう、必要に応じて別室やパーテーションを用意し、環境を整える。

給食

保健室で給食を食べる子どももいれば、教室に行って食べる子どももいる。また、給食を自分で教室に取りに行く、教室の友だちが運んでくれるなど、配膳もさまざまである。
食欲があまりない子どももいるため、無理には食べさせない。しかし、不登校に限らず、体力をつけることは大切なので、献立の中でどれなら食べられそうかなどを子どもと相談しながら、少しでも食べられるように支援する。

午後

午前と同様に、子どもたちの様子に合わせて過ごす。
休み時間に教室から友だちが会いに来ることもある。友だちとの接触は教室への興味を抱くきっかけにもなるので、子どもと相談をして、子どもの気持ちを第一に考えて、そうした機会に対応する。

下校

在籍クラスの予定に合わせて、下校する。
今日1日何をしたかなどを話しながら、明日の持ち物の確認を一緒に行う。
子どもたちの下校後に、表情を含めた子どもたちの様子、給食で食べた量、話している内容など、気に留まったところを各担任や管理職等と情報共有を行う。必要であれば、担任あるいは養護教諭から親との情報共有を図る。

※担任および各管理職との情報共有は、基本的に随時行う。実際に保健室登校をしている子どもへの支援だけでなく、周囲の子どもへの指導や、ときには教諭等への情報共有を行う。

支援の内容

保健室を利用する時間は、1日を通して利用する子どもや、特定の教科や短時間のみ利用する子どもなど、一人一人異なります。そのため、無理に勉強や課題に取り組ませようとするのではなく、それぞれのニーズに合わせた対応を行います。たとえば、テストの実施や宿題・課題の手伝い、お話などです。

保護者とのやり取り

子どもの様子に応じて保護者の方へ養護教諭が直接引き渡す場合もあります。その際、子どもが保健室で何をして過ごしていたか、養護教諭が気になった点などを伝えます。

直接話ができない場合は、担任等から電話や連絡帳を通して保護者とやり取りをすることもあります。

また服薬など医療との連携が必要な場合は、医療機関の紹介等をすることもあります。

養護教諭が気をつけていること

まずは登校できたことをほめてあげます。そして、1日の中での体調や気分の変化にはいち早く対応できるようにします。

また、不登校や登校しぶりになる理由は子どもそれぞれで異なりますが、授業を受けることは子どもたちの権利でもあるため、学校に対する子ども自身の思いや考えを聞き、その気持ちを尊重しながら、学校としてどのような対応をしていくとよいのか、常に客観的な評価と分析をして、校内で調整を図ります。（p104〜105）

学校（担任）との連携

まずは保健室で過ごしていた時間に何をしていたのか、また急遽、保健室を利用した場合は、保健室で過ごすに至った経緯等の情報を共有します。その後、必要に応じて、対応方法などを、担任、管理職、スクールカウンセラー、スクールソーシャルワーカーなどの専門家も交えて検討します。

Q 21

小学校低学年

小学校高学年

中学生

進級の時期が近づき子どもは不安そうな表情をしている

なんとか週に2回ほど登校できるようになったものの、進級でクラスが替わることもあり、子どもも親も不安です。

POINT

- 進級や進学は不安と期待の両方が入り混じります
- 不安なことは学校と相談しましょう
- 基本、再スタートするチャンスとポジティブに考えましょう

4月は再スタートのチャンス

小学校では、1・2、3・4、5・6年と2学年ごとにクラス替えをする学校と、毎年クラス替えをする学校があります。クラス替えは、担任の先生、学級のメンバーが替わるので、人間関係をリセットできます。**人間関係が原因で不登校になった場合には、学校復帰のチャンスとなります。**

また、小学生だと、「先生が怖い」など、中学生では「声が大きい先生が怖い」「いじめ加害者とは

同じクラスになりたくない」という切実な不安もあります。こうした具体的な不安は、**まず子どもと、学校に相談するかを話し合い、「伝えてほしい」ということなら、学校に相談してください。**もしも伝えづらい場合は、SCに相談し、その後、SCを介して、あるいは、同席してもらって伝えることもできます。心配している内容をきちんと学校に伝えることが第一の目標です。

漠然とした不安を抱えている場合の対応

「今のクラスで友だちができず孤独だった。新しいクラスでもまたそうなっちゃうのかな」といった漠然とした不安は「予期不安」と言われ、繰り返し頭の中で考えることでますます不安が高まります。専門的には反すう思考と言います。これには二つの対処が有効です。

一つは、勇気がいりますが、隣の席の子に「何部に入ってるの？」と声をかけるなど、思い切って行動してみることです。もう一つは、反すう思考を知り、自分で「あ、反すうが始まった」と思ったら、深呼吸をして、気持ちを落ち着かせ、「大丈夫」と言い聞かせることです。これを3回繰り返すと、緊張感や不安感はかなり下がります。普段から繰り返すことで、反すう思考から解放されていきます。

Q 22

小学校低学年

小学校高学年

中学生

高校に進学する際の調査書が心配

現在、中学生で、不登校です。
勉強の遅れや進学のことが心配です。
高校には行けるのでしょうか。

POINT

- 不登校でも勉強することは可能です
- 中学時代に不登校であった生徒を受け入れる高校が増えています
- 高校に入ったら、見違えるように生き生きと通っている子もいます

コロナ禍以降 学習方法の選択肢が増えている

コロナ禍となり、ほぼすべての学校にICT（オンライン学習）が導入されました。つまり、教室以外の場所から授業を受けられるのです。たとえば、保健室や学習室といった別室、または自宅から、教室のカメラの映像を見ながら学習している生徒もいます。この学習方法をきっかけに教室に復帰する生徒が出てきています。

その生徒は保健室でオンライン授業を受けていました。ある日、「教室に行ってみようかな」と言いました。「オンライン授業でクラスの様子を見ていたら、行けそうな気がする」と言うのです。その後、教室に戻れたこの生徒は「以前は、クラスの様子がわからなかったから怖かったけれど、オンラインで見ていたら、フツーだなと思った」ということでした。

高校も多様な受け入れ体制を用意している

中学時代に不登校等で学校に通えなかったが「高校では頑張りたい」という生徒がいます。そうした気持ちを応援するためのコースを用意している高校もあります。たとえば、1部定時制と呼ばれ、午後から登校し、夕方まで学ぶコースなどです。草分け的存在である東京都立新宿山吹高校には、「自己管理能力を育む定時制課程」と「自分のペースで学べる通信制課程」を用意し、他高校からの転学、編入学の制度も用意されています。私立ではさらに多様な特色を備えた高校があります。**不登校だから高校進学は無理、と考えずに、進学について、また、必要な書類に関しては、学校の先生やSCに相談してみてください。**

Q 23

小学校低学年　小学校高学年　中学生

不登校から回復した事例を教えてください

不登校が増えているとニュースで聞いていたけれど、まさか、わが子がそうなるとは思いませんでした。この先どうなるのか不安です。不登校は直りますか？　希望が持てる事例があれば教えてください。

POINT

- 2012年以降、不登校は増加しており、コロナ禍以降、急激に増えています
- 不登校から回復した事例はたくさんあります。子どもが持っている力を信じることです

不安症／分離不安症の小学生の事例

小学校入学後、すぐに不登校になりました。毎朝、一緒に登校し、昇降口で帰ろうとすると大泣きして帰ることもできず、授業中は廊下にいました。これが2年間続きました。

この間、医師からは分離不安症と言われ、不安を抑える薬の服用を勧められましたが、小さい子に飲ませるのは嫌で、薬は使いませんでした。3、4年生も、一緒に登校し、自分の得意な授業のと

きは、私が廊下にいなくても大丈夫になりました。5年生でやっと、校門で「行ってらっしゃい」と送り出せるようになりました。

　現在中学3年生の子どもは当時を振り返って、「あのときは、本当にお母さんに会えなくなると思ったんだ」と言います。長かったけれど、一緒に学校に行ってよかったと思います。

自分で決めていた生徒の事例

　中学校の事例です。その生徒は中1の3学期から不登校になり、家も学校もつまらないとのことで、完全な昼夜逆転の生活でした。教師やカウンセラーが電話しても、気が向いたときに話すような状態でした。

　中学3年生になっても状況は変わらず、進学先は調査書を必要としない高校（チャレンジ校）でした。高校1年の夏休みに、その生徒が相談室に突然現れました。「先生にはずいぶん迷惑かけたから、これ」と言ってスイカを持ってきたのです。話を聞くと、「中学まではこのままの生活をする。でも、高校は絶対行くって決めていた」と言います。それを誰にも言わなかった理由は、「だって、そう言って行けなかったら恥ずかしいから」と笑っていました。この子なりに考えていたんだと、そのときわかりました。

思春期の子どもへの接し方

COLUMN

親子関係が良好になる、ちょっとしたコツ、考え方を紹介します。

口うるさく言いたくないし、でも、放っとくのも嫌だし……。子どもへの接し方に悩みはつきませんね。そこで接し方のちょっとしたコツを二つ紹介します。

スマホとの付き合い方

子どもがスマホデビューするときは、スマホを使える時間は午後10時までとするなど、「使い方」と「使う時間」を決めることが大切です。

ルールを決めるときのポイントは、**親から子への一方的な伝達ではなく、親子で話し合ってルールを決めることです。**人から言われたルールより、自分が決めたルールの方が守りやすい（破りにくい）からです。

だらだらしている意味

学校から帰ってきて、子どもがだらだらしているときがあります。こうした場面に出くわすと、親はつい何か一言言ってしまいます。しかし、子どもの立場で考えてみてください。大人は「ちょっと一杯飲もうかな」「スイーツでも食べようかな」と自分で決めて、頭の中や気分をリフレッシュできます。

ところが、子どもは学校では先生の目、家では親の目があり、大人のように自分のタイミングでリフレッシュするなんてことはできません。だから、“せめて”だらだらするのです。ある程度、だらだらすると、宿題を始めたり、翌日の準備を始めたりするでしょう。

だらだらしているところを見ても、ある程度、大目に見てあげるのが関わり方のコツです。

2章

「どうしてうちの子が」
それは子どもの悩み？
親の悩み？

Q 01

学校への連絡が憂鬱

毎朝、職員室に電話をして、
今日もお休みすることを伝えています。
しかし、この瞬間がとても憂鬱で、
気が重くなります。

POINT

- 先生も心配しているので状況を伝えましょう
- 電話が憂鬱ならば、メールなど他の手段も検討しましょう
- 状況によって、連絡する曜日を決め、連絡の頻度を減らしましょう

学校に連絡する意味

毎朝、「今日も学校を休みます」という報告をするのは、確かに負担です。学校からは「具合が悪いのですか？」「友だち関係で何かありましたか？」などと理由を尋ねられます。これは、欠席の理由、状況を把握しておきたいからです。理由を把握せず、時間が経ってから「早めに言ってくだされば、学校も対応できたのですが」と後手にならないようにするためです。

当人も「なぜ、学校に行けないのかわからない」場合もあります。その際、学校へは事実をそのまま伝えてください。

欠席が始まったら早い対応が重要

子どものとき、2、3日ほど学校を休み、登校するときに一定の緊張感を感じた経験はありませんか？「(何も起こっていないのに)休んでいる間に、何か変化があったのではないか」「(友だちは自分の休みを心配してくれているのに)友だちは変わらず接してくれるだろうか」といった考えが頭に浮かび、不安になってしまう。そんなとき、「大丈夫？休み時間、遊ぼう」と普通に声をかけてくれる友だちがいると、ホッとしたものです。

欠席初期に先生や友だちが「大丈夫？」「待ってるね」と温かい声をかけてくれると、安心し、登校も再開しやすくなります。そのためにも、学校に連絡しておくことはとても大事なのです。

また、欠席が長引いてきた場合には連絡方法を検討しましょう。学校とのつながりがまったくないのは、望ましくありません。毎日の連絡が負担になる場合、曜日を決めて、近況を伝えたり、学校と相談して、メール等の利用も検討しましょう。

Q 02 夫が協力的ではない。夫が威圧的に子どもに接してしまう

子どもの様子、学校から言われたことを夫に伝えるのですが、協力してくれず、夫の子どもへの接し方が威圧的で子どもが萎縮しています。夫婦の仲がよくない姿を子どもに見せたくありません。

POINT

- 「私ばかりしている」(母親)と、「子どものことはお前に任せている」(父親)。夫婦で協力して対応するにはコツがあります
- 父親は自分の思い通りにならない子どもにイライラしているのかもしれません

夫婦が協力して不登校を乗り切る

共働き世帯数は増加の一途で、夫婦ともに忙しい状況です。そこに不登校という問題が起こっているのですから、いっそう大変な状況になることは当然です。この状況で、夫婦が言い争っている場合ではありませんよね。

では、夫婦が協力するコツはなんでしょうか。

まず、**相手への敬意と感謝の気持ちを伝えることです**。心で思っていても相手には伝わりません。

「いつもお疲れさま」「先生と相談してくれてありがとう」など言葉に出して伝える必要があります。

次は、自分ができることは、自分でするということです。できない場合は、相手に頼みます。頼み方のコツは、「頼む」＋「次は、自分がするね」「ありがとう」などの言葉を必ず足すことです。

何をしてほしいのか具体的に伝えることも重要です。「今度、先生と面談があるんだけど」よりは、「〇日の夕方、学校の先生と、〇〇のことで面談があるんだけど、お願いできる？」と伝えた方が、相手は理解しやすく、検討もしやすいのです。

父親が今の状況をわかるように話す

母親がキーパーソンとなっている家庭では、父親は今の状況を理解できないと、イライラ感情だけが生まれ、頭ごなしに怒鳴りつけたりします。するとと、子どもは怖いお父さんを避け、お母さんに甘えてべったりになります。父親に今の状況を冷静に伝えるためには、**スクールカウンセラー（SC）**※**などの第三者から父親に説明してもらうことをお勧めします**。第三者から指摘を受けることで、父親も冷静に聞き、今の状況を理解し、受け止めることができるからです。

※スクールカウンセラー（SC）　児童・生徒、保護者、教員のカウンセリングを行うカウンセラー。

Q03

育て方が悪かった？

わが子が不登校になり、「仕事が忙しくて、あまり子育てに時間をかけられなかった」「自分の育て方に原因があるのではないか」などの考えが浮かんできて、つい、自分を責めてしまいます。

POINT

- もしかすると育て方に原因があるのかもと、考えているのですね
- 条件なしで子どもを受け止め、愛することです
- 今までの育て方（＝過去）よりも、今からどうするかに注目しましょう

今、大事なことは何？

「自分のせい」と考えてしまうようなら、SCに相談したり、文字で書いて気持ちを心の外に出してください。自分の考えを客観的に見て、自分を責める気持ちと距離を取ることができます。

少し視野を広げてみましょう。すぐに「自分のせい」と考える親は、いい親でなくてはという気持ちが強いのかもしれません。しかし親のそんな姿を見ると、子どもは戸惑い、混乱します。

もう一つ。不登校を悪いものと思い、「誰かのせい探し」をしていませんか。**学校に行く、行かないにかかわらず、「大好きだよ」と伝えましょう。子どもは親が味方であることを確信して安定し、気づけば、不登校は過去の話になっています。**

いつもとちがうところから見る

山を正面から、後ろから、真上から、近くから、遠くから見ると、それぞれ形がちがいますね。きれいに見えたり、危なげに見えたりします。でも同じ山です。子どもを山に例えて、いつもとちがう位置から見てください。「親」という漢字は木に立って見ると書きます。少し離れて高い位置から子どもを俯瞰すれば、子どものいろいろな面が見えてきます。**1か所にとどまらず、親が移動しましょう。子どものよいところが見える位置に、親が移動しましょう。**

子どもが、まだお母さんのお腹にいたときのことを思い出してください。「元気で生まれてきてね」と優しい声で話しかけながら、お腹をさすっていたと思います。その子どもが今、実際に大きく育っています。子育ては間違っていなかった証です。この事実に注目してください。

子どもはこれからも成長していきます。親はどうしますか？　子どもは親を見ています。まず、親が前を見て進んでいく姿を示しましょう。

Q 04

子どもに怒りをぶつけてしまう

学校から解放されてのんびりしている子どもを見ると、親の気持ちをわかっているのかと思ってしまいます。

POINT

- イライラする親の気持ちはもっともですが、怒りをぶつけても解決にはならず、悪化させます
- 怒りは二次感情、根源にあるのは不安などの別の感情です
- 気持ちを上手に伝える方法があります

怒りは人間関係を悪化させます

大人でも、怒ってばかりいる上司の側に行きたくありませんよね。子どもも怒ってばかりいる親とは、話をしたいと思いません。では、逆はどうでしょう。「何かあったの?」と聞いてくれる上司であれば、安心して話せますね。親子関係も同じです。頭ではわかっているけど、あの姿を見ていると「また!」とイライラしてしまうのですよね。なぜ、怒ってしまうのかを解き明かしていき

ましょう。

まず、自分の今の気持ちを浮かぶだけすべて、紙に書き出します。スマホのメモ機能でもＯＫです。おそらく、「いつになったら学校へ行くのか」という心配、「学校に行っている子」をうらやむ気持ち、「一人で悩んでいて」寂しいといった気持ちを書かれるのではないでしょうか。これらの気持ちは一次感情と言います。**この一次感情を素直に表現したり、誰かと共有できれば、気持ちは和らぎますが、抱え込んでいると、心がつらくなり、怒りへと変わります。これが二次感情です。**

気持ちを上手に伝えるスキル

ＹＯＵメッセージではなく、Ｉメッセージを使いましょう。

ＹＯＵメッセージでは、「(あなたは)私の気持ちがわからないの？」、Ｉメッセージでは、「(私は)あなたを心配している」となります。**ＹＯＵメッセージには、「(暗に)あなたはこうすべきだ」という価値観が含まれています。Ｉメッセージには、「心配している」気持ちだけが含まれています。**子どもが聞く耳を持ち、受け止めやすいのはどちらでしょうか？

Q 05

周りに相談できる人がいない

相談できる人がいなくて、一人で抱えてしまっています。そろそろ限界です。

POINT

- 相談できそうな人を考えてみましょう
- 相談できない理由を探ってみましょう
- 子どもが自己肯定感を抱けるようにしましょう

誰かに相談することは大きな一歩です

A4の紙を用意して、中心に自分を書きます。似顔絵でも、自分と漢字で書いて丸で囲んでもOKです。次に自分の周りの人を思い浮かべてください。近くにいる人や気軽に話せる人（たとえば、夫、妻、親、弟妹など）と、話すには抵抗がある人（あくまでたとえばですが、先生、医師、カウンセラーなど）もいると思います。

　その距離に応じて、自分から線を引き、その先に相手を書き、丸で囲みます。気軽に話せる相手は自分の近くに、緊張する相手は遠くに置かれます。この図から、**自分の周囲の人が視覚的に把握できます。これらの人は社会的資源（ソーシャルサポート）と言い、自分と相手の距離から、相談できそうな人が誰であるか見えてきます。それがわかると、不安が和らぐと思います。**

なぜ、相談できないのか？

　相談した方がよいとわかっているが、いろいろな理由と、それに伴う感情が邪魔します。思い浮かぶ理由と感情を紙に書き出してみましょう。たとえば、「先生への相談は不安」「不登校の相談は恥ずかしい」などが出てくるかもしれません。

　誰かに話せないということは、不登校を、人に話せない否定的なものと見ているということです。子どもへの関わり方においても、不登校の状態を否定するような言葉、態度になっていませんか？　親が不登校を否定的に捉えると、子どもも「自分はダメなんだ」と自己否定します。**よいこと、悪いことの評価ではなく、「子どもにとって今の時間は必要なんだ」と捉え直してみてください。心が軽くなり、相談しやすくなります。**

相談できそうな人がわかる

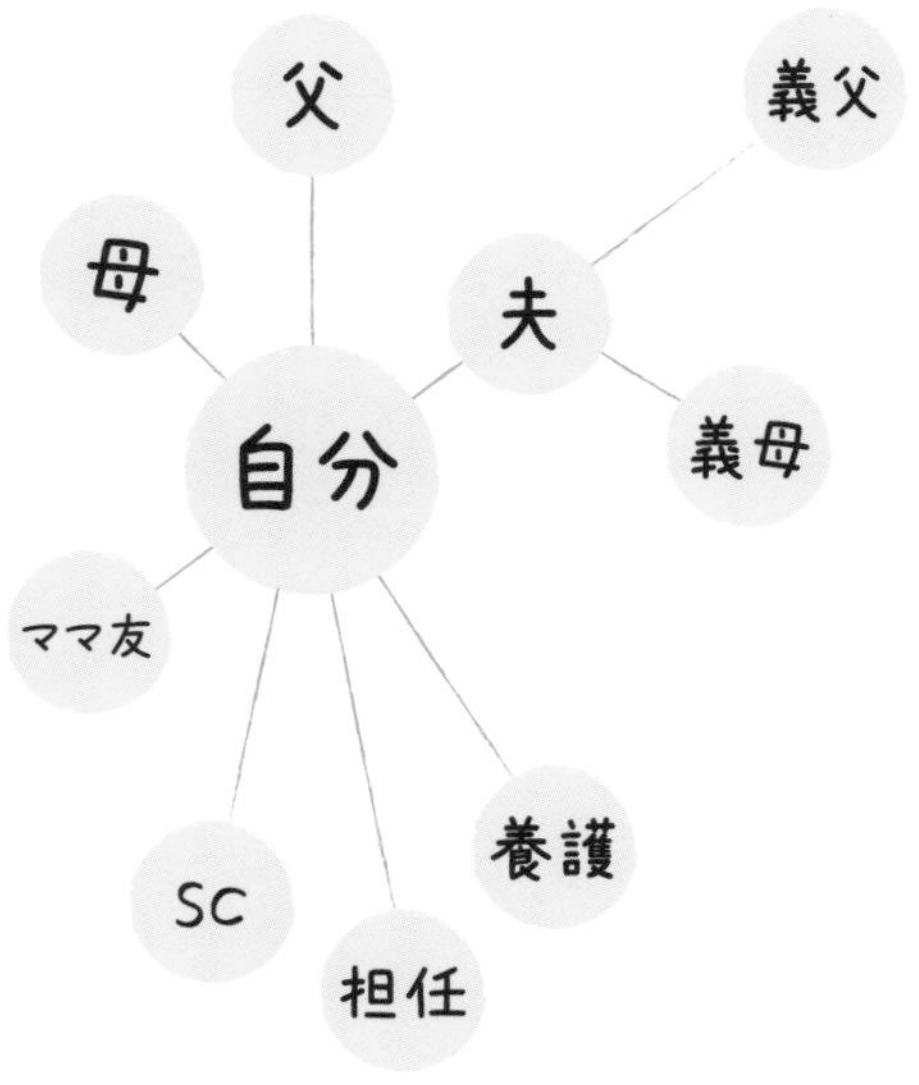

Q 06

学校とうまくコミュニケーションがとれない

子どもの様子を学校に伝えても、私の伝え方が悪いのか、なかなか理解してもらえません。

POINT

- 「チームとしての学校」という新しい体制があります
- 学校にはキーパーソンがいます
- 気持ちや状況を相手に伝えるスキルを身につけましょう

「チームとしての学校」とは

学校は、学年団、教科毎、校務分掌（進路指導、生活指導などの係）といったチームで動いています。教師の他にSC、スクールソーシャルワーカー（SSW）※といった他職種の専門家や医療、警察といった外部組織と連携して児童生徒をサポートしていく体制を「チームとしての学校（以下、チーム学校）」と言います。

チーム学校のメリットは、教師が学習指導に専

※スクールソーシャルワーカー（SSW）　児童・生徒の問題について、保護者、教員と協力し問題の解決を図る専門職。

念できる、多様な特徴を持つ子ども、貧困や外国籍の子どもの課題にも対応できることです。チームには特別支援教育コーディネーター（ｐ１０４）、養護教諭、副校長、主幹教諭など中心となる人（キーパーソン）がいます。

子どもの不登校について、担任の先生と面談したが、うまく伝わらなかった、あるいは、子どもの特徴を理解してもらえていない感じがするといった場合、キーパーソンに相談してみることも考えてみてください。（相談方法はｐ92、１００参照）

アサーションスキル（上手な伝え方）の紹介

アサーションとは、相手を非難したり、攻撃したりするのではなく、相手の立場も大切にしながら、自分の思いや気持ちを伝えることです。具体的には、二つのスキルがあります。

Ｉメッセージ（p76）を使うことと、提案する形で要望を伝えることです。「先生の板書が早くて、うちの子が、黒板をノートに写せません」と伝えると、非難と捉えられてしまう可能性があります。そこで、「本人はノートをしっかりとって勉強したいと言っているので、黒板をノートにとる時間をもう少し長くしていただけませんか。よろしくお願いします」という言い方をすれば、先生も事情を理解し、快く対応してくれます。

Q 07

毎日、不安とイライラが交互に浮かんできて、まいっています

子どもが完全に不登校になり1か月が経ちました。毎日、この先どうなるのかという不安で、どうしたらよいのかわかりません。イライラして、親の方がまいっています。

POINT

- 自分の気持ちを整える方法を紹介します
- どうしても収まらないときは、医師に相談しましょう

感情をコントロールするスキル

不安、イライラはネガティブ感情と言います。まず、今の自分の気持ちをｐ84の「どんな気持ちシート」で測ってみてください。今は、10段階のどのくらいでしょうか？　次に、平常なときの値と、ここが限界という値に印をつけてください。このように、自分の気持ち、状態を客観的に把握すると、気持ちが少しは落ち着きます。

次に、イライラしているときの感情メーターが

7だとして、平常値の4～5まで下げる方法を紹介します。

マインドフルネス　心の中の不安やイライラした気持ちに巻き込まれたり、無理に打ち消そうとせず、そのまま受け止めます。不安な気持ちが浮かんできたら、「今、自分は不安を感じている」と受け止めます。つまり、**不安な気持ちと一定の距離を取り、客観視するということです。**日頃からこれを繰り返すことで、平常心を保てるようになります。

その場から離れる　家にいる子どもを見ていてイライラが始まったら、別の部屋に行ったり、少し外出して気分転換をしましょう。**イライラの原因はストレッサーと呼ばれ、見えたり、聞こえたりすると、イライラが増強されます。**ストレッサーから離れることで、感情メーターを下げます。

6つ数える　実は怒りの感情の持続時間は短いのです。**怒りのメーターが上がってきたら、6つ数える、あるいは、好きな食べ物や映画を6つ思い浮かべます。**その間に感情メーターの値は下がります。

すべて試してみて、自分にあった方法を見つけてください。ただし、いろいろ試しても収まらない、3週間以上続いているといった場合には、うつ病などの恐れもあるので、医師に相談してください。

COLUMN

「怒り、イライラ、キレる」への対処法

怒りの感情をコントロールするための二つの方法を紹介します。

イライラしてつい怒ってしまったり、キレてしまったり。感情は目に見えない、手で触れられないので、理解することは簡単ではありません。そこで、感情を理解する二つの方法を紹介します。

どんな気持ちシート（程度）

「どんな気持ちシート」とは、キレることへの予防に有効なシートです（左ページ上）。突然キレてしまったと思いがちですが、実はちがいます。人間の感情は、0～1から次第に怒りが高まり、7～8に達するとキレるわけです。

そこで、たとえば5～6まで怒りが高まってきたら、2章Q07を参考に、キレる前に自分で対応するように心がけてみましょう。だいぶ軽減されるはずです。

いずれにしても、最もよいことは、日頃からストレスを貯めないことです。イライラすることがあったときには、好きなことをして、気持ちも体もリセット、リフレッシュして、翌日以降に残さないように心がけましょう。

メタ認知

メタ認知とは、自分の気持ちや状態を客観的に見ることです。

自分の状態を把握できると、冷静さを取り戻すことができ、コミュニケーションによい影響が出ると言われています。左ページ下図を繰り返し練習すると、自分を俯瞰する＝客観視できるようになります。キレそうになっている自分に気がつくことが、キレることへの予防になるのです。

どんな気持ちシート（程度）

自分がキレる数値を把握しておいて、そこに到達する前にキレないように対応します。

メタ認知

天井を見上げる。天井にいるもう一人の自分が下にいる現実の自分を見下ろしているとイメージする。イライラしている、今にも怒鳴りそうなど、自分を客観的に見れると、「一旦落ち着こう」と冷静になれる。

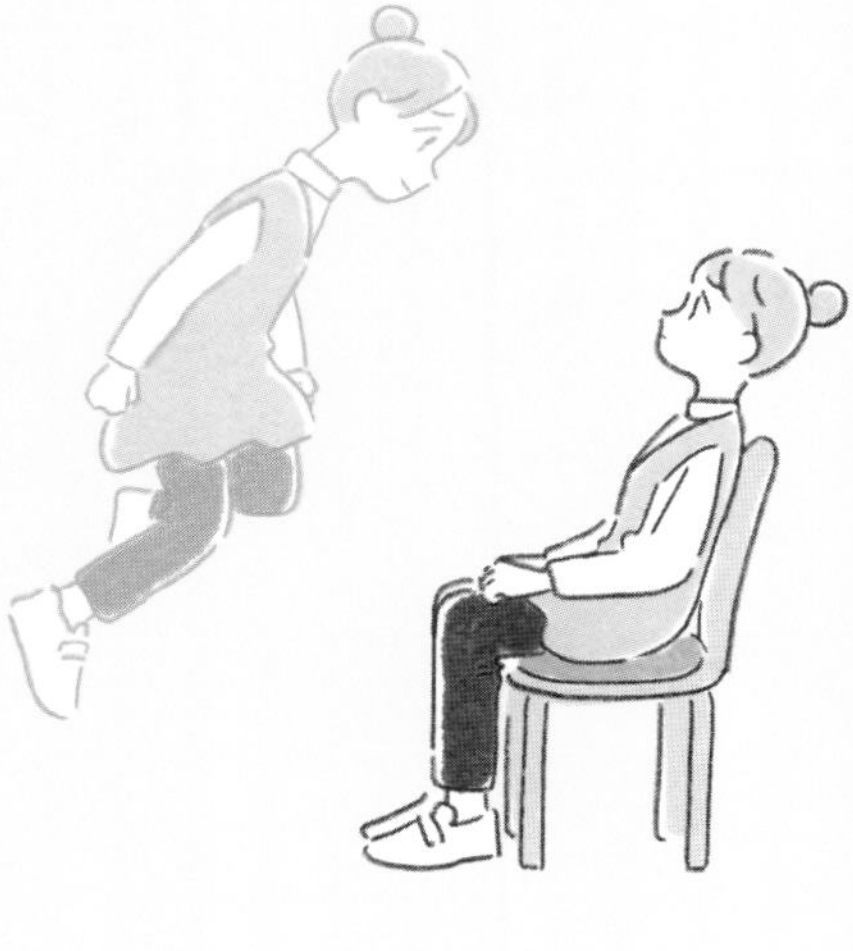

Q 08

共働きで、日中、家に一人でいる子どもが心配

共働きで、夫婦ともに8時頃には家を出ます。子どもが不登校気味で、日中一人にはできず、仕事を休む日が増えました。今後、離職も必要かと思い始めています。

POINT

- 不登校は、子どもがSOSを出している状態です
- 子どもが苦しんでいるときは、側《そば》にいてあげましょう
- 仕事を完全に辞めるかどうかは、夫婦会議＋家族会議をして決めましょう

子どものSOSは家族で対応

不登校は、子どもが「今は調子がよくない」というSOSのサインです。元気であれば、友だちと遊びたい、部活をしたいと、学校に行きます。

子ども時代、熱を出して学校を休み家で寝ていると、天井の模様が恐ろしいものに見えてきたり、食欲がわかず、何も食べられなかったりした経験があると思います。心が不安定なときは、親が側にいてあげた方が子どもは心強いのです。

仕事と家庭のバランス

簡単には、仕事を辞めることはできません。まず、経済的な問題があります。仕事が楽しく、やりがいを感じている場合には、離職が親のメンタルヘルスに影響する可能性があります。

仕事を辞めて家にいる親を見て、子どもが「自分のせいだ」と思い、自己否定的になる恐れがあります。何より必要なことは夫婦、家族で話し合うことです。子どもの意見も必ず聞いてください。よかれと思って、子どもに相談せずに仕事を辞めて、事後報告するのは絶対に避けてください。子どもは感謝するどころか、取り返しが付かないほどの悲しみ、怒り、不信感を抱くかもしれません。

家族で話し合いながら、仕事を辞めて家にいる選択をした場合のメリットとデメリットを思いつくだけ紙に書き出しましょう。それをもとに、仕事を続ける、離職する、出勤回数を減らす、1日の仕事時間を短縮する、家でもできる仕事に切り替えるといった選択をしてください。条件によっては、介護休業が利用できることもあるので、勤め先にも相談してみましょう。子どもは必ず元気を取り戻しますので、そのときは、再び家族会議を開き、復職などを話し合ってください。

Q 09

子どもの将来が心配

自分らしく生きてほしいと
願っていますが、
そのように生きることが
できるのか、とても心配です。

POINT

- 人生は七転び八起きです。転んでおしまいではなく、起き上がります
- 「歩」は、「少」し立ち「止」まるです。前に進むために、今立ち止まっていると捉えてください

学校に行けない状態を受け入れる

不登校の間、子どもは不安や恐れを抱きながら、自分の心と向き合っています。その姿を見て、親も多くのことを考え、気づかされます。

「自分と同じようになってほしい」「社会に出たら、高学歴の方がよい」と親が願っていても、子どもは自分で「学校に行かない」ことを選択しました。それは、「自分でできる」ことを示しているのかもしれません。親に希望があるように、子どもにも「こうしたい」という自分の人生の希望があります。子どもとは言え、一人の人間なのです。

親は、子どもが危ないこと、人としてやってはいけないこと、他人を傷つけたときには、本気で注意しなければいけません。それ以外は、「見守り、愛する」で十分です。子どもから相談されたときは、一緒に考え、アドバイスをするくらいの距離感でちょうどよいのです。

人間の寿命は80年を軽く超えています。親子が一緒に暮らす時間は20～30年で、寿命全体の四分の一程度です。不登校であろうと親子が一緒に過ごす今を、愛おしく感じ、大切にしてください。

子どもと初めて会ったときの気持ち、「わが家にきてくれてありがとう」「大好きだよ」の気持ちは、今も同じですよね。

大事なことをまとめます

不登校になった初期に親がすることは、

- 子どもの話を、親の意見や助言を交えずに聞く。
- 食事を作る、挨拶をするなどして、規則正しい生活を送る。
- 学校と相談しながら乗り越える。
- わが子を信じることができると、自分で自分を信じる。

学級崩壊と不登校の関係

COLUMN

学級崩壊を防ぐには、学校と家庭の協力が大切です。

学校へ行きたくない、と子どもが突然、言い始めました。理由を聞くと、「授業中、騒がしくて勉強ができないし、教室に入るのが恐いから」と言います。

小学校では、学校に行きたがらない子どもからその理由を聞いて、親が初めて「学級崩壊」が起こっていることを知るという場合があります。

なぜなら、大人が見ると、授業が成立していないことをすぐに理解できる状況であっても、子どもにとっては、クラスが騒がしいくらいにしか感じていないことがあるからです。

学級が崩壊していると、勉強したい、先生の話をもっと聞きたいという子どもは、教室にいること自体が辛くなってしまいます。

また、乱暴な言葉が飛び交っていたり、廊下に飛び出してしまう子どももいて、怖くて、教室に入れなくなってしまう子どももいます。こうしたことをきっかけに、登校しぶり、不登校になってしまうケースも少なくありません。

子どもが安心して学ぶ権利は、大人が守らねばなりません。私の経験上ですが、**崩壊から回復した学級では、保護者が話し合い、「できることをしよう」となり、交代で学習の個別サポートをしました。子どものわからないところを教えたり、話を聞いてあげるうちに、クラスは次第に落ち着きを取り戻していきました。**

教師の仕事量は多く、現在は教員の数も十分とは言えません。だからこそ、学校と家庭の協力が必要なのです。

3章

一人で悩まず、どこかに相談しよう

悩んだときは誰かに相談する！

不登校に限らず何かの悩みや困りごとがあるときは、一人で悩みを抱えないようにしましょう。早めに相談することが、解決への近道です。

POINT

- 「相談する」ということは「相談できる」であり、それは「援助要請力」と呼ばれています
- 相談する力を身につけるためには、コツがあります
- 相談すれば、気が楽になり、心にゆとりが生まれます

相談することは、実は難しい！

内閣府の調査によると、日本人は、アメリカや韓国、イギリスといった諸外国に比べて、「誰かに相談することが苦手な人が多い」というデータがあります。こうした背景で、政府が学校において、「SOSの出し方に関する教育」を推奨するほど、実は「相談する」ということは意外と難しいことなのです。

相談する相手がいないことが、孤独感や絶望感

を強めるとも考えられます。悩みを一人で抱え込むことはとても危険なことなのです。

相談する力を獲得する

子どものことで何か問題が起こったときに、家族だけで解決できることと、できないことがあります。不登校という問題を解決するためには、いろいろな方の協力が必要です。つまり、今困っていることを相談する必要があります。

「相談」という言葉は日常的に使われ、よく耳にしますが、相談するという行動ができる人とできない人がいます。心理学では、実際に誰かに相談できる力を「援助要請力」と言います。つまり、相談するということは、何気なく自然にできることではなく、「相談しよう」と意識して行うことなのです。したがって、援助要請力を身につけることは、人生のあらゆる課題に対して有効と言えます。

相談することのメリット

- 悩みを人に話し、聞いてもらうことで心がスッキリ軽くなる。

これは「カタルシス効果」と呼ばれています。（p39）

- 自分が知らなかった情報や知識を得ることができる。

●自分では思いつかなかった考え方や解決策に出会うことができる。

●相談した相手と信頼関係を築くことができる。人は、誰かから頼られて、悪い気分にはなりません。むしろ、「自分を頼りにして、相談してくれた」相手に好感を持ちます。つまり、味方が増えるということです。

相談しないことで起こるリスク

●今現在持っている知識や方法の範囲で対処しようとするので、解決に至らず、堂々巡りをしてしまう。

●時間とともに、状況が悪化していく。

●悩みが続けば、「心の健康」が損なわれる。心が病んでくると、身体も不調になってしまう。

●問題を頭の中で繰り返し考えていると、不安や恐怖といった感情が大きくなる。
これは、反すう思考と呼ばれ、うつ病の原因の一つと言われています。

●後から他の方法を知り、しまったと後悔し、自己肯定感が下がり、自信をさらに失う。

相談（援助要請）する手順

●誰かに相談することを決意する。

●相談する内容＝「今、困っていること」をすべて、紙に書き出し、順位をつける。

●その中から、最も困っていることが、今相談すべき内容と理解する。

●その内容を誰に相談したらよいか考える。

●相談のアポをとる。電話をかけることへの不安がある場合は、事前にセリフを書き出し、シナリオを作っておくと安心できる。

●相談したら、お礼を伝える。

●相談して決まったことを実行する。
実行まですることで、問題解決に近づきます。

相談する際に役立つ知識

不登校であることを責められるかも、学校に来るよう強制されるかもと、相談をためらってしまう人もいるかもしれません。しかし、そうではないのです。「義務教育の段階における普通教育に相当する教育の機会の確保等に関する法律」（平成28年12月14日交付）が制定されたことによって、不登校への対策は大きく転換されました。

ズバリ言いますと、**従来の不登校の児童生徒の学校復帰を目標とする考え方から、「児童生徒個々人が、安心して学べることを優先し、学校以外の場所での学習も認めた」ことへの「転換」です。**従来からある教育支援センターに加えて、フリースクール、放課後等デイサービスなどが学校と連携し、児童生徒が通所した期間を出席扱いにするなど柔軟な対応ができるようになりました。

また、児童生徒を受け入れる学校側に対しても、「児童生徒が安心して教育を受けられる魅力ある学校づくり」を求めています。学校では、心理学、IT、野外レクリエーションなどの多様な分野の専門家を招き、魅力ある学校づくりに挑戦しています。

「義務教育の段階における普通教育に相当する教育の機会の確保等に関する法律」の基本理念

- 全児童生徒が豊かな学校生活を送り、安心して教育を受けられるよう、学校における環境の確保
- 不登校児童生徒が行う多様な学習活動の実情を踏まえ、個々の状況に応じた必要な支援
- 不登校児童生徒が安心して教育を受けられるよう、学校における環境の整備
- 義務教育の段階の普通教育に相当する教育を十分に受けていない者の意思を尊重しつつ、年齢又は国籍等にかかわりなく、能力に応じた教育機会を確保するとともに、自立的に生きる基礎を培い、豊かな人生を送ることができるよう、教育水準を維持向上
- 国、地方公共団体、民間団体等の密接な連携

出典：「義務教育の段階における普通教育に相当する教育の機会の確保等に関する法律の公布について」（文部科学省）

適切な相談先を選んでしっかりと相談ができるためのガイド

「結局、どこに相談したらよいのか」と迷ってしまう人がとても多いので、ここでは3章で紹介する相談、支援先の「選び方」と、悩みを解決できる「相談の仕方」を解説します。

POINT

- 公的な「教育関係」の支援機関があります
- 公的な「福祉関係」の支援機関があります
- どこに相談したらよいか
- 誰が、誰に相談に行くのがよいか
- 相談には順番（過程）があります

まずはもっとも身近な学校内の専門家に相談する

学校には、スクールカウンセラー（SC）※1、スクールソーシャルワーカー（SSW）※2という専門家がいます。校内にいて、無料で相談できるので利用しやすいことが大きな特徴です。

電話等で学校に問い合わせて予約すると、校内にある相談室で60分程度、相談することができます。→p108

※1 スクールカウンセラー（SC）　児童・生徒、保護者、教員のカウンセリングを行うカウンセラー。

学校外の「教育」に関する専門機関

①自治体が開設する教育センター（教育相談所）、**など**　公認心理師等の資格を持つカウンセラー、教職経験者である教育相談員などが対応

します。相談内容は、児童生徒の成長面で不安なことを中心に、登校しぶり、不登校、いじめ、発達障害、進路相談などです。→p112

②都道府県が開設している教育、子育て、引きこもり、自殺予防などの相談窓口　たとえば東京都の場合は、「東京都教育相談センター」があり、以下のような内容に対応します。

相談内容　幼児から高校生相当年齢までの方の友人関係、いじめ、家族関係、学校生活、不登校の悩みや不安等、子どもの性格や行動、しつけ、発達障害、自傷行為、家庭内暴力、ヤングケアラーに起因する相談等、高校への進級・進路など。SNS等に関する相談や日本語が話せない外国籍の子どもの相談。

対象　原則、都内在住・在籍の幼児から高校生相当の年齢までの方、その保護者・親族、教職員。

お住まいの地域に、同様の機能を備えた施設があるか、調べてみましょう。→p112

※2スクールソーシャルワーカー（SSW）　児童・生徒の問題について、保護者、教員と協力し問題の解決を図る専門職。

学校外の「福祉」に関する専門機関

本人とその家族と支援者が利用でき、基本的に無料、予約制です。

①**児童相談所**　子どもの福祉の向上を目的にさまざまな相談を受けつけています。大きくは、養護相談、障害相談、非行相談、育成相談の4つです。職員は心理、保健、精神科医など多様な専門家で構成されています。→p122

②**子ども家庭支援センター**　子どもと家庭に関する総合相談窓口で、18歳未満の子どもや子育て家庭に関する相談に応じています。→p122

③**発達障害者支援センター**　発達障害児（者）への支援を総合的に行うための施設です。日常生活や学校生活に関する相談ができます。→p124

どこに相談するのがよいか

相談先を決める際のポイントです。親子で話し合うときの材料にしてください。

- 何度か通うかもしれないことを考えると、家から遠くないところがよいですね。ただし、近すぎると、知り合いに会ったりすることもあります。
- 困っていることを解決するために、一番ふさわしいところを選びます。たとえば体が不調の場合、まず行くべきは医療機関となります。
- 心理的なハードルが低いところ、申し込みがしやすい先を選びます。まったく知らない機関よりは、少しでも名前や内容を知っている機関の方が申し込みしやすいでしょう。

誰に相談するか
誰が相談に行くのがよいか

カウンセラーなどの専門家に相談したいか、あるいは、子どもの年齢と近いお兄さん、お姉さんのような若い人に話を聞いてもらいたいか、といったことです。

相談相手については、子どもの気持ちを大切にして判断してください。子どもが誰かに話を聞いてもらいたいと思っているならば、まずは親子で訪ねてみましょう。子どもが「行きたくない」と言っているならば、「まず、お母（父）さんが、どんな様子か見てこようと思うんだけど、どう思う?」と相談してみてください。様子を聞いて、「それなら行ってみよう」と思う場合もあります。

悩みを解決できる相談の仕方

「最近、休むことが多くて。理由を本人に聞いても言わないんです。学校でいじめられているのでしょうか。このまま不登校になってしまうのでしょうか」

　これでは相談したいことが整理されておらず、相談された相手は、話を聞くことはできても、相談に乗ることはできません。相談には順番（過程）があります。誰かに相談するときは、次の①～④の流れを意識して相談しましょう。

①今の自分の気持ちを伝えて落ち着く
②すると、今、何が問題なのか見えてくる
③問題に対して、何ができるのかが見えてくる
④たとえば、問題の解決方法を一緒に考えてもらう

学校

担任教諭、学年主任、校長、副校長 中学校では部活動の顧問の先生なども

欠席がポツポツと増えてきて、不登校が疑われる不登校初期段階から再登校の段階まで、家庭と学校の連絡、連携、協力は欠かせません。学校との協力関係があればこそ、不登校を乗り越え、登校再開につながります。

POINT

- 最初から校長先生などに相談するのではなく、まずは担任の先生に連絡、相談しましょう
- 電話でもよいが、できれば、学校に行き、先生と会って話しましょう
- 感情をぶつけるのではなく、困っている、心配している内容を具体的に伝えましょう

不登校に対して学校が取り組んでいること

不登校の状況は、20年前、10年前と現在では、まったく異なります。特に、コロナ禍以前と以後では大きく変わりました。こうした変化に対応するべく、先生方も心理、教育、医療等の専門家から、研修を受けています。筆者も学校の先生や管理職の先生からの依頼を受け、不登校対策や生徒理解のための研修会を行っています。

研修会に参加した先生は、「不登校の初期対応が大事なんですね。休んだ生徒がいたら、必ず連絡を入れるようにします」「中学生の心の発達について知ることができ、生徒への対応の仕方のヒントになりました」など、積極的に生かそうとする声があがっています。

誰に相談するか

クラスのことは担任の先生に、部活のことは部活の先生に相談することが基本です。通常、部活の先生は2、3名いるので、部活指導の中心的役割を果たしている先生、あるいは、生徒が普段接している先生に相談しましょう。

クラスの担任の先生や部活の先生に相談したが、話がかみ合わない場合、親の気持ちを理解してくれたと感じられない場合、あるいは、現状が何も変わらない場合もあります。

こうした状況が続くようなら、学年主任の先生、主幹教諭（学校長、副校長につぐ3番目の管理職のことです）、あるいは、副校長に相談することも選択肢の一つです。

このとき、最初に相談した先生に黙って相談することは、その先生に対して失礼になりますし、保護者と先生の関係によい影響を与えません。たとえば、「他の先生の意見も聞いてみたい」などの理由とともに、他の先生にも相談してみようと考えていることを伝えてからがよいでしょう。

クラス担任の役割

クラス担任の最大の特徴は、1年間、あるいは、2年間、学校で子どもたちと一緒に生活することです。朝の挨拶に始まり、授業、休み時間、給食、清掃、帰りの挨拶まで、一緒に過ごします。教師と子どもはいろいろな体験を通して、共に学び合い、成長する共同体なのです。したがって、担任が子どもに与える影響は大きく、担任もまた子どもから元気をもらったり、やり甲斐を感じたり、教師という仕事がますます好きになるのです。

担任がクラスを1年間または2年間運営することをクラス経営と言います。クラス経営では大きく二つの目標があります。

一つめは、クラスという集団の成長です。担任と子どもが初めて顔を合わせた4月、クラスの雰囲気、状況、よいところ、成長の余地があるかを見定めます。ここをスタート地点として、1学期の終わりまで、2学期の終わりまで、学年末までに、どういうクラスに育てたいかという教育目標を定めます。そこに向かって、毎日の教育活動を組み立てていくのです。

二つめは、個の成長です。クラス集団と同様に、その子がどう成長するかを思い描き、目標を立てて、関わっていきます。

担任の先生はこうした役割を担っています。基本的に担任の先生を信頼し、連絡を取り合いながら、子どもの成長を共に支えてください。

担任の先生の仕事紹介

左ページに、担任が1日の中でしている主な役割と、学期や年間を通じて行う主な役割を挙げます。

これらに加えて、学習指導があります。学校の先生の最大の仕事は、「子どもが興味を持ち、わかる授業をすること」です。そのために、教材研究、資料作成、発問と板書計画など、時間をかけて、念入りに準備します。

クラス担任に相談する際のポイント

担任の先生が忙しいのは間違いありません。そこで、相談する際のポイントを簡潔に示します。

- 事前にアポを取る。候補日は3つくらい用意しておく。
- 時間帯は放課後がベスト。働き方改革により、夜は退勤しているので、遅くとも18時まで。

● 相談したい内容をまとめておく（p92）。

● 困っていること、どうしてほしいかを具体的に話す。「感情」を聞いてもらいたいときは、スクールカウンセラーを利用する。

相談後は、「お忙しい中、ありがとうございました。家庭でも子どもとよく話してみます。引き続きよろしくお願いします」などのお礼を伝えると、次に相談するときに、しやすくなります。

担任が1日の中でしている主な役割

・朝の挨拶	・教材費などの受領	・翌日の連絡事項の伝達
・出欠の管理	・休み時間に子どもと遊ぶ	・下校指導
・健康状態の確認	・配膳と食事	・家庭との連絡
・清掃指導	・花や生き物の管理	・提出物の確認
・宿題の指示	・授業の準備	・わかりやすい授業を心がける　など

担任が学期や年間を通じて行う主な役割

・出欠と成績の管理	・教室と廊下の掲示物の整理など環境設営	・推薦書等の作成
・席替え	・生徒の悩みを聞く	・クラス便りなどの定期発行物の作成
・係、委員の選出	・進路の相談に乗る	・行事の運営
・テストの採点	・通知表、調査書の作成	・トラブルへの対応　など

学校

養護教諭、特別支援教育コーディネーターに相談する

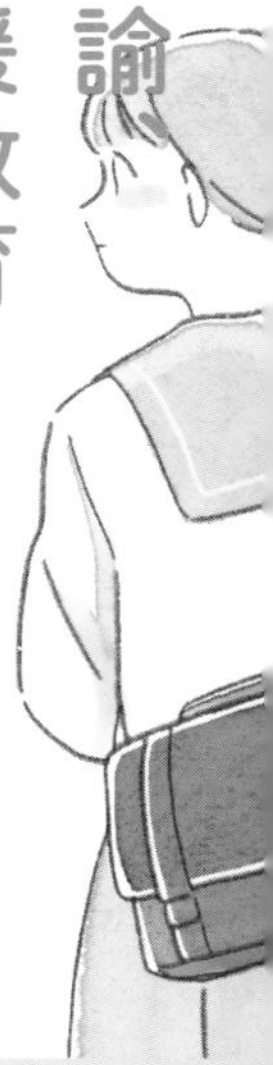

学校では、担任の先生をはじめ、いろいろな役割の先生が子どもを支えています。子どもの身体と心の健康を支えてくれるのは、保健の先生です。特別支援教育を進める上で中心的役割を果たしているのは、特別支援教育コーディネーターの先生です。

POINT

- 学校には頼れる人がたくさんいます。先生方の役割を正しく知れば、誰に相談したらよいか、わかりやすくなります
- 保健室は、けがや風邪といった身体のケアに加えて、心の健康についても相談できる場所です
- わが子にあった教育支援については、担任の先生、あるいは、特別支援教育コーディネーターの先生に相談しましょう

養護教諭の役割

保健室の先生と呼ばれている先生の正式な職名は養護教諭です。養護教諭の役割は、左ページの表の通りで、生徒への個別対応に関連した内容は①と②に含まれています。

①では、「体格、体力、疾病、栄養状態の実態」「不安や悩みなどの心の健康の実態等」、②では「心身の健康に問題を有する児童生徒の個別指導」「健康生活の実践に関して問題を有する児童生徒

の個別指導」が取り上げられています。

生徒の心身の安全確保のための個別指導

養護教諭は、危険にさらされている子どもに気づきやすい立場と言えます。たとえば、虐待の可能性がある、リストカットをしている、必要な食事をとれていない可能性があるなどです。

養護教諭は、傷の手当てをしながら、子どもの身体に触れます。その際に、複数の傷跡、やけどの跡、手首や腕の切り傷等に気がつくことができます。また、健康診断の結果から、年齢の標準的な体重や身長に著しく到達していない場合、食事、睡眠等の基本的生活習慣が確保されているかなどを聞き取ります。

不適切な養育環境下にある恐れがある場合や自傷行為をしている場合には、チーム学校の原則にしたがって、養護教諭は管理職に報告し、担任、SCなどと連携し、支援します。

教室に入りづらい生徒への支援

さまざまな理由から、教室に入れなくなった生徒を支えています。

過去にあった例を見て見ましょう。

養護教諭の役割

①	学校保健情報の把握に関すること
②	保健指導・保健学習に関すること
③	救急処置及び救急体制に関すること
④	健康相談活動に関すること
⑤	健康診断・健康相談に関すること
⑥	学校環境衛生に関すること
⑦	学校保健に関する各種計画・活動及びそれらの運営への参画等に関すること
⑧	伝染病の予防に関すること
⑨	保健室の運営に関すること

教室で乱暴な行為をする男子児童がいて、恐怖感を抱いて学校に来れなくなった女子児童の親から担任に連絡がありました。校内で検討した結果、当面の間、その女子児童は保健室で学習することになりました。

この例のように、学校には来られるが、教室には入れない子どもがいた場合、養護教諭のいる保健室がその子の居場所となる場合があります。これは一般に「保健室登校」と呼ばれています。

特別支援教育コーディネーターの役割

学校教育法に特別支援教育の推進が位置づけられ、その際に、特別支援教育コーディネーターが設置されました。特別支援教育コーディネーターは、各学校に1～2名おり、学校長が教員の中から任命します。基本的には、特別支援教育を推進するためのコーディネーターですが、学校によっては、別途、不登校対応のためのコーディネーターが置かれている場合もあります。特別支援教育コーディネーターの役割は「企画・運営」「連絡調整」「相談窓口」であり、直接、生徒を支援するのではなく、支援活動を推進する役割を担っています。

養護教諭、特別支援教育コーディネーターの連携例

Aさんは、中学1年生のとき、時折、学校を休むことがあるものの、部活にも参加していました。しかし、2年生の1学期から、月に数日休むようになりました。校内の情報交換会で、担任からAさんの様子が報告されました。すると、養護教諭より、「健康診断でのAさんの体重が標準よりもかなり少なく、気になっている」との報告がありました。

特別支援教育コーディネーターが情報をまとめ、SCに相談したところ、摂食障害の可能性も視野に入れて面談をすることになりました。Aさんと面談をしたSCは、保護者と面談する必要性を感じ、後日、母親、担任、SCの3者面談が行われ、一度、医療機関を受診することになりました。

これは、校内でチーム学校として連携したことが、迅速な対応に繋がった好例と言えます。

相談する際のポイント

保護者が、不登校、登校しぶりについて相談する際には、内容を具体的に伝えることが大切です。たとえば、発達障害があり、それが原因となって、不登校、登校しぶりにつながっていることがあります。特定のものに強いこだわりがある、急な予定の変更が苦手などの特徴が見られる場合、どんな場面で、どういう行動が出て、どういう結果になるのかを具体的に伝えましょう。

こうした情報をもとに、養護教諭、特別支援教育コーディネーターは、登校した際に過ごしやすいように教室の環境を見直します。たとえば、1日の予定を黒板に書き、視覚的にわかりやすく示すなどです。

学校

相談員とスクールカウンセラーの役割のちがいと活用法

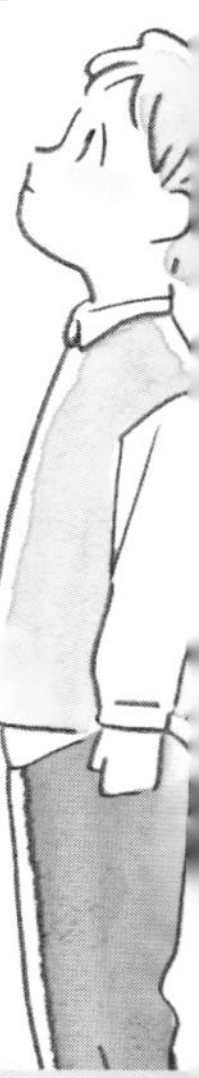

学校の先生以外で、日常の話を聞いてくれるのが相談員、悩みを聞いたり、相談に乗ってくれる心の専門家がスクールカウンセラー（SC）です。それぞれの役割、勤務条件、資格のちがいと、効果的な活用方法を紹介します。

POINT

- 相談員には、基本的に月曜から金曜まで相談できます
- SCの勤務回数は、地域、学校によって異なり、週1回から2か月に1回です
- 子どもに関することは何でも相談できますが、保護者の個人的なことは相談できません
- 無料、予約制、相談内容に関する守秘義務があります
- 児童生徒とその保護者が相談できます

相談員とSCのちがい

次に標準的な内容を挙げますが、地区、学校によっても異なるので、学校に問い合わせる等で確認してください。

相談員

相談員は、小・中学校の相談室に、平日、毎日います。さわやか相談員、すこやか相談員など地域ごとの呼び名があり、高校の場合は、教育相談員と呼ばれます。公認心理師等の資格は必須では

ないので、有資格者と無資格者がいます。無資格者の場合は、元教員、元保育者、子育て経験者などが多いです。

スクールカウンセラー（SC）

公認心理師、臨床心理士、ガイダンスカウンセラー等の資格を持つ心の専門家です。少数ですが、小児科医、精神科医、大学教員もいます。

小学校から高校、特別支援学校に配置されていますが、勤務時間は各校で異なります。多いところで週に2回、少ないところは隔週で1回、月に1回などです。夏休みなどの長期休みは不在です。

両者に共通すること①

相談する際は予約が必要（無料）です。児童生徒とその養育者が利用できます。電話相談と対面相談の両方が用意されていることが多く、1回の相談時間は50～60分です。

コロナ禍以降では、オンライン相談（チャット、メール等）を導入しているところもあり、女性相談員が多いことも特徴です。相談員、SCと話をしたいときは、担任の先生、養護教諭などから紹介してもらう方法と、相談室に直接、電話で予約する方法があります。**担任などの関係者が状況を把握していた方がよいので、利用する際は、前者の方法をお勧めします。**

「相談員」　「スクールカウンセラー」

両者に共通すること②

クラスの担任、学年主任、部活の顧問の先生を含めた関係者で情報を共有し、連携して児童生徒を支えます。

しかし、利用者が安心して相談できるよう、また、相談者の人権や個人情報を守るために、前述の関係者以外に相談内容を話してはいけないという義務が課されています。

実際に、両者をどう活用するか?

最近、子どもが学校に行きたくないと言うことが増えた場合、親は動揺し、不安でいっぱいになります。

子どもの様子について、まずは担任の先生に相談しましょう。そして親の不安や心配、またはイライラした気持ちや不安定な感情があれば、相談員に話して、聞いてもらいましょう。

こうした気持ちはネガティブ感情と呼ばれ、自分の内側に溜めておくと体調を崩す恐れがあるので、話すことや書くことで身体の外側に出すようにしましょう（p92）。

もし、相談員に話を聞いてもらっても、自分の気持ちの整理がつかず、不安が解消されないという場合は、心の専門家であるＳＣに相談してみましょう。また、不登校の他に、経済的な問題などがある場合には、スクールソーシャルワーカー（ＳＳＷ）を紹介される場合もあります（p96）。

相談員、ＳＣなどに相談しても、気持ちが晴れない状態が続くようであれば、病院を受診することを考えてください。そのまま我慢してしまうと、うつ病などに進行する可能性もあります。

相談員、ＳＣは、校区地域の医療機関の情報を持っていたり、必要であれば調べてくれるので、どこの病院を受診したらよいかわからないときは、聞いてみることが一番です。

相談室ではどんな相談ができるのか

不登校に関連して、進路や進学先についても相談できます。

たとえば、進級する際に、学習の遅れが心配なので、**通級**※を併用したいであるとか、中学校や高校に進学する際に、進学先を選ぶために一緒に考えてもらいたいといった相談ができます。

その他に、日常生活の過ごし方についてアドバイスをもらえる場合もあります。たとえば、呼吸法などのリラックス法、怒りの感情をコントロールする方法、コミュニケーション力を高めるためのソーシャルスキル・トレーニングなどです。

また、子どもに発達面での心配がある場合は、子どもが教室で過ごしている様子をそっと観察してもらうこともできます。**特定の教科によって参加態度や意欲がちがうことなどがわかることで、その後に親が子どもを理解するためのヒントになる場合もあります。**

もちろん、児童生徒本人が相談することもできます。思春期になると、先生や親に言いづらいこともあり、そんなときのために、子どもには、相談室に話を聞いてくれる先生がいるということを教えてあげるとよいでしょう。

※通級　苦手な教科の時間は、校内の別教室で個別指導を受ける授業のこと。少人数制で、本人にあったペースで学習することができる。

公的機関

不登校支援で頼りになる公的機関、教育センター（教育相談所）

不登校の児童生徒本人とその親のサポートにおいては、教育分野の公的機関を利用することも選択肢の一つです。各機関の特徴と利用のポイントを紹介します。

POINT

- 公的機関の利用は予約制、無料が基本で、教育相談員と呼ばれる職員が相談に乗ります
- 教育相談員は、現職の教育職員や退職した元教員、公認心理師といった心の専門家で構成されています
- 月に1回程度、医師に相談できる機関もあります

教育センターの相談に関する機能

教育センターは、教育相談所、教育研究所など名称がいくつかあり、都道府県・政令指定都市・中核市および区・市といったより身近な場所に設置されています。

利用方法は、電話で事前に予約し、当日相談に行く対面相談と、電話で相談できる電話相談の2種類があります。親子で相談に行くのが望ましいですが、場合によっては、まず先に親が相談して、

後日、子どもも一緒に相談するという方法もよいでしょう。

また近年、不登校、いじめ、発達障害などに関する相談が急増しており、利用する際に、1、2か月間、順番を待つといった場合もあります。待ち状況を聞いて、利用するかどうかを判断してください。

自治体によっては、職員が地域の公民館等に出張し、予約不要で相談を受け付けるといった出張相談を実施しています。利用する前に自治体に確認してみましょう。

対面相談が苦手な場合は電話相談を利用するとよい

家族の介護などでどうしても外出が難しい場合や、対面相談は緊張するので電話の方が相談しやすいという場合に便利です。

たとえば、ある教育センターでは、小・中・高校生（原則として18歳まで）とその保護者を対象とした、毎日24時間受付の電話相談を設けています。さらに、子ども用には通話無料のフリーダイヤルも設置し、とても相談しやすい環境が整っています。

どんな相談ができるのか

不登校の他に、虐待、いじめ、発達、非行等の問題行動、性格・情緒、家庭生活、家庭環境などについて、つまり子どもに関することであれば、およそ何でも相談できると考えて差し支えありません。

相談の他に、子どもの知能検査や発達検査を行っている施設もあります。この検査では、子どもの特性を知ることができ、そうした特性を把握すると、たとえば、文字の読み取りが苦手な場合、指示は1回につき1個だけにする、指示内容は短くする、図やイラストを使って説明すると、伝わりやすい、といった関わり方のヒントが得られます。

教育センターを利用するには

教育センターの利用方法として、教育センターのみ相談する方法と、ＳＣと教育センターの両方に相談する方法があります。後者では、通い疲れしないか、２か所に相談した結果、かえって混乱しないかに注意しながら利用してください。また は、**ＳＣに2週に1回など定期的に相談し、必要に応じて、知能や発達に関する検査を教育センターで受けるという利用法もあります。**相談のキーパーソンを決めて、利用するとよいでしょう。

直接、教育センターを利用する場合は、学校の先生にも伝えておきましょう。**教育センターには、複数の教育相談員がいるので、子どもの性別や年齢によって、「女子なので、女性の相談員がよい」「小学生男子なので、若いお兄さん的存在の方がよい」など、ある程度の希望を伝えることができます。**

児童生徒の相談に対する気持ち、相談員との相性、場所、頻度、時間帯などの利便性を踏まえて、親子で話し合って決めてください。

子どもは教育センターで何をするのか

小学校の低・中学年くらいまでの子どもの場合、**遊戯療法**（プレイセラピー）※が中心となります。言葉の発達が未熟な子どもは、言葉のやり取りのみで進められるカウンセリングを受けることは難しく、そのため、言葉の代わりに遊びを通して、自分の気持ちを表現させます。

教育センターでは、相談員と子どもが一対一となり、子どもは安全な環境で、遊びながら、ありのままの自分を表現し、心の健康を取り戻していきます。

時間は50～60分が一般的で、遊び道具としては、お人形やおもちゃの自動車、おもちゃの楽器やパソコン、遊戯ブロック、柔らかいボールなどがあります。体を使った遊びもできるように卓球、トランポリンなどが置いてある場合もあります。

小学校高学年、中高生に対しては、言語を介して自分の気持ちを表現するカウンセリングが行われます。p112で紹介した通り、親子で見学し、説明を受けてから利用するかを判断するのがよいでしょう。

※遊戯療法（プレイセラピー）遊びの中で、子どもが自分の気持ちや考え、行動を表現したり探索したりすることを、カウンセラーが促す療法。

公的機関

教育支援センターで子どものペースに合った活動をする

個別指導や集団活動を行うことで在籍校への出席としてカウントされます。子どものペースに合わせて学習や生活リズムを整え、同じ教室に通う子どもとの交流を図ることも可能な場所です。

POINT

- 教育支援センター（適応指導教室）への出席は、登校日数にカウントされます
- 学校復帰だけではなく、居場所としての目的や、子どもの自信を伸ばすことも目標とされています
- 同じ教育支援センターに通う子どもたちと一緒に活動し、社会性（コミュニケーション力）を身につけることができます

学校以外でも登校日数にカウントされる場所

教育支援センター（適応指導教室）は、相談事業のほかに、学校に行きたくても行けない小中学生の居場所の提供も行う場所です。学校復帰を目標とする教育支援センターが多くありますが、近年は、子どもの居場所となることや、子どもが自信を持てるようになる、社会的自立を目的とするところも増えてきています。

教育支援センターに通うことが学校復帰や子どもの自立を助けることに適切であると学校長や教育委員会で判断された場合に利用できます。定員および入室審査があるので、教育支援センターに通いたい場合は、まず学校に相談しましょう。

教育支援センターを利用するためには

次に地域の教育支援センターに連絡してみてください。面談が行われ、相談内容や関係機関との連携についての話などがあります。

子どもと一緒に行ってもよいかもしれません。教育支援センターの活動を見学または体験できる機会を設けているところも多くあるので、確認して連絡してみましょう。**在籍校との連携はとても重要なので、学校への報告を忘れないようにしてください。**

教育支援センターではどんなことをするのか

教育支援センターでは、学習支援・集団活動・スポーツ活動・体験活動などが行われます。

学習活動は、地域の教室によってさまざまですが、**学校のワークやプリントなど、子どものペースで進めることができます。**

スポーツ活動の時間では、同じ教育支援センターに通う子どもたちと球技などをして身体を動かすことができます。場所によっては、**他の学年の子どもと関わることができるので、子どもたちの社会性を育むことができるでしょう。**

体験活動もさまざまあり、園芸などで野菜を育てて収穫し、調理して、皆で食べることもあります。

どのくらいの頻度で通うのか

「教育支援センターといっても毎日通うのはちょっと難しい。子どもの負担になり、疲れたり、つらくなったりするのではないか」と思われるかもしれません。

一般的には、子どものペースに合わせて通うことが可能な場所が多く、月曜日から金曜日、一部の教育支援センターでは土曜日も活動しています。また、午前部と午後部に分けて活動しているところもあります。

教育支援センターは学校（在籍校）と連携しているため、週のうち1日は在籍校に登校し、残りの日は教育支援センターに通うといった利用方法もできます。または、午前中は教育支援センターに通い、午後から在籍校に通うというような場合もあります。

利用の仕方は、子どもの気持ち、体力、家と教育支援センターとの距離などを考慮しつつ、在籍校と教育支援センターと相談しながら決めましょう。

教育支援センターをうまく使って再登校や進学への自信につなげる

教育支援センターに通うということは、「朝、決まった時間に起きる」「家族に挨拶をする」「服を着替える、持ち物を確認する」などの基本的な生活習慣を維持することにつながります。昼間、教育支援センターに行き、活動に参加することで体力を使います。すると、お腹がへる、夜眠くなり寝る、朝起きられるといったよい循環ができます。また教育支援センターに行けば、同年代、異年齢の仲間がいるので、コミュニケーション力を養うこともできます。

学習は一人でも、オンラインでもできますが、社会性、コミュニケーション力は相手がいないと身につけることはできません。教育支援センターでの経験が、学校復帰、あるいは、進学意欲へとつながった例を紹介します。

高尾山へ遠足にいったとき、彼女は登山道の途中で息切れして、座り込んでしまいました。下山することもできず、涙をポロポロこぼしていたとき、周りの仲間がリュックを持ってくれたり、おやつを分けてくれたり、歌を歌って励ましてくれました。おかげで、彼女は山頂まで登ることができました。「みんなが親切にしてくれたことがうれしかった。私も人にやさしくできる人になりたい」。周囲への関わり方、言葉づかいなど、彼女はその後、少しずつ変わっていきました。

COLUMN

教育支援センター（適応指導教室）の1日

どのような1日を過ごすのか、指導の内容、運営体制などを見てみましょう。

スケジュール（A市の場合）

9:30 出席確認、朝の会

出席確認、1日の予定を職員が話した後、自分の予定表に学習計画を子どもたちが自分で記入する。何をすればよいか困っている子どもがいたら、職員が一緒に計画を考える。

10:10 【1時間目】学習開始

持参した教科書や問題集で学習する、用意されたプリントに取り組む、学習パズルやカードを使って遊びながら学習する、タブレットで学習するなど、自分に合った形で学習に取り組む。
わからない問題や困ったことがあれば、元教員の先生と公認心理師（臨床心理士）がサポートする。

11:00 休み時間

フットサルやバドミントンといったスポーツ、雑談、カードゲームなどで遊ぶことが多く、運動やカードゲームには職員が参加するときもある。

11:15 【2時間目】学習再開

集中力が切れたり、お腹が空いたりするが、頑張って学習に取り組む。

12:00 昼食

手洗いを済ませてから持参したお弁当を食べる。給食がないので、家からお弁当を持参する。

12:25 昼休み

卓球などのスポーツをしたり、読書をしたり、それぞれ自由に過ごす。

13:00 午後の活動

曜日によって話し合いやペアワークなど社会性を育む活動、音楽、美術、スポーツ、園芸などに取り組む。
近くの公立図書館に行くこともある。

14:25 帰りの会

自分の予定表に1日の感想を記入し、提出する。その後に帰りの会で翌日の予定などを職員が話す。

14:30 終了

15:00 最終退室時間

教室は14:30で終了。最終退室時間まで遊びたい人、職員と話をしたい人は教室に残って過ごす。
小学生は保護者の迎えを教室で待つ。

支援の内容

①学習支援　漢字の読み書きなどの基礎学力に加え、辞典のひき方やインターネットの正しい使い方など、社会で生きていく上で必要な知識についても支援します。

②情操教育　スポーツ、芸術活動、グループワークを通じて一人一人が「自分らしさ」を発揮できるように支援します。

③心の健康　公認心理師あるいは臨床心理士が、子どもたちの困りごとや問題について、本人への助言、家庭や学校への働きかけ、などを行います。

外部支援機関とも連携し、必要によっては、心療内科（精神科）を紹介し、子どもの心の状態や特性を客観的に把握します。情報共有を徹底し、支援方針に混乱が生まれないようにします。

保護者との連携

保護者と面談を行い、家庭や子育てに関して困っていることを共有します。子どもの性格や発達的な特徴、心の状態に応じて、親子の関わり方についてアドバイスする場合もあります。

学校との連携

定期的に開催される各種対策委員会に、教育支援センターの職員が出席し、児童・生徒の情報と具体的な支援策、配慮事項を共有します。また、児童・生徒の担任とも情報共有や協議を積極的に行い、学校と教育支援センターで支援方針の相違がないようにします。

職員が気をつけていること

職員は、さまざまな理由で学校への登校が難しい子どもたちが教室に来ていることを理解し、普段の言動だけでは見えにくい人間関係、子ども自身が抱える悩みごとに対して、対応できるように努めています。また、職員で話し合い、子どもが安心して通級できるような教室づくりをめざしています。

子ども家庭支援センターなど福祉面で支援する公的機関

不登校・引きこもりへの支援、心のケア、発達障害へのサポートにおいては、福祉分野の公的機関を利用することも選択肢の一つです。各機関の特徴と利用のポイントを紹介します。

POINT

- 不登校をサポートする福祉施設は数多くあります
- 不登校の背景に虐待や発達障害の可能性があります
- 不登校、引きこもりを支援する福祉施設を紹介します
- 虐待予防や発達障害支援を行う施設を紹介します

不登校の背景に虐待が疑われる場合

長期間の不登校の背景に虐待が疑われる場合があります。ただし、親自身は虐待と思っていない場合があり、たとえば、次のような事例です。

- 親の都合で、長子が弟妹の面倒を見ており、きょうだい全員が不登校になっている。
- 親が不在がちで、食事や洗濯などの生活が保証されておらず、子どもが不登校になっている。
- 親に精神あるいは身体の疾患があり、子どもが

※1 チーム学校　文科省の提唱する、校長のリーダーシップで、教職員がそれぞれの専門性を生かして、校内外とも連携し、一体的にマネジメントされた学校組織のこと。

親の面倒を見ているため不登校になっている。

●経済的に苦しく、親がランドセル等の必要な学校用品を買えず、登校させていない。

家庭の事情が不登校につながっている場合、**チーム学校**※1**に基づき、学校はスクールソーシャルワーカー（SSW）**※2**を介して、地域の専門機関と連携して対応します。特に家庭の問題に関しては、福祉のサポートが必要です。**

①子ども家庭支援センター

通称、「こかせん」。子どもと家庭の問題に関することは何でも相談できます。病気で保護者が入院する場合など、子どもを一時的に預かる機能もあります。子どもの対象年齢は18歳未満です。

不登校に関しても相談でき、場所により、**社会福祉士や公認心理師等の国家資格を持つ専門家が対応する**施設もあります。各自治体による設置施設で、利用方法、料金はHPで確認しましょう。

②児童相談所

通称、「じそう」。18歳未満の子どもとその家族が対象です。子育て、しつけ、発達障害、非行、登校しぶりと不登校、いじめ、ひきこもりなどの相談ができます。知的な発達や言葉の発達に遅れがある、肢体不自由といった相談もできます。

※2スクールソーシャルワーカー（SSW）　児童・生徒の問題について、保護者、教員と協力し問題の解決を図る専門職。

児童相談所には、**児童福祉司（児童相談員）、児童心理司、小児科医、精神科医、保健師などが勤務しており、主となるのが児童福祉司（児童相談員）です。**子どもや保護者の面接や、ときには家庭訪問もします。じそうの中心的な役割を果たしています。**児童心理司**は、保護者との面談を通して指導・助言、また、子どもの心理検査や行動観察を行い、心理診断をします。診断に基づき、児童心理司が学校の先生や保護者に子どもへの関わり方について助言することもあります。

不登校の背景に発達障害が疑われる場合

保護者が、発達障害のある子どもの「育てにくさ」にストレスや不安を感じ、その蓄積が虐待行為に、さらに不登校へとつながる場合があります。

「育てにくさ」とは、親子のコミュニケーションが取りにくく、親が子どもを理解することが難しい、あるいは、子育てがうまくいかないのは自分（親）のせいだと考えてしまう、子どもが学校や社会のルールを身につけることが難しくトラブルにつながる、発達障害のあるわが子にどう接したらよいかわからず、怒るという対応が多くなる、などです。こうした場合、学校と、発達や発達障害の専門機関である**発達障害者支援センター**が連携して支援に当たることが望ましいです。

発達障害者支援センターとは、発達障害児（障害者）への支援を総合的に行う専門機関です。基本的に全国の自治体に設置されており、施設によって、「発達相談支援センター」「こころの発達総合支援センター」などの名称となっています。利用料金などはＨＰで確認してください。

同機関の役割は、主として、支援を受けられる他機関の情報提供と予約制、無料の来所相談です。他機関とは、たとえば、**地域療育センター**で、ここでは発達障害のある子どもに個別療育を提供しています。作業療法士、理学療法士、言語聴覚士、公認心理師などの専門職が、子どもの特性を把握した上で、個別療育を行い、子どもの発達を促します。相談内容は主に日常生活、子どもへの関わり方、就労準備などです。

引きこもりに関する場合

不登校かつ外出をしない引きこもりの状態になると、親の心配、本人のストレスも溜まります。家族で悩みを抱えず、専門機関である**精神保健福祉センター**あるいは**保健所**に相談しましょう。

精神保健福祉センターは都道府県に設置された中核施設で、保健所は地域のための施設です。まずは身近な保健所への相談がよいでしょう。保健所では、健康、保健、医療、福祉に関する相談内容から、ひきこもり、アルコール・薬物依存症の家族などの相談ができます。施設によっては医師、看護師、保健師、精神保健福祉士、公認心理師、作業療法士などの専門職が対応します。

各福祉施設には特徴があります。**本人の気持ちを尊重しながら、SSWなどの専門家に相談し、時間をかけて選択することをお勧めします**。見学や体験参加することも判断する上で役立ちます。

公的機関

メールやチャットでも相談できる

コロナ禍となり、感染予防に適合した方法として、メールやチャットによる相談（以降、メール相談とする）等への注目が集まっています。不登校や引きこもりに関しても、メール相談窓口が増えています。

POINT

- 区、市といった自治体が子育て支援の一環として開設しています
- 一部の教育支援センター、ひきこもり地域支援センターでも、開設しています

メール相談の特徴

メール相談では、自治体によって、相談メールを受理してから返信まで1週間から2週間を要する、返信は1回のみなど、利用条件はさまざまなので、ホームページ等で確認して利用しましょう。

メール相談によるメリット

- 空き時間、隙間時間に、スマホから相談できる。
- 相談施設に赴く必要がない。
- 相談内容を文章化する作業で、問題や思考、感

情が整理され、新たな気づきが生まれる。

- 匿名性が高いため、自分の気持ちを伝えやすい。
- 顔を合わせず、声も聞かれないので、相談への不安や抵抗感が薄く、利用しやすい。
- メールの記録が残るので、読み返すことができる。

「カウンセラーの先生からいただいたメールが心の支えになっております。つらくなったとき、このメールを読み返すと、前向きになれるんです」。利用者にはこうした効果が期待できます。

メール相談によるデメリット

- 返信までの時間が空いてしまうことが多い。
- 言語の表現能力や読解能力が必要。
- 気持ちをうまく伝えられないもどかしさ、送信側と受信側の間に誤解が生まれる可能性がある。
- 相手の表情や声の調子といった情報がないので、情報伝達量が少ない。そのため、対面相談と比べ、「相手にわかってもらえた」という感覚を持ちにくい。
- インターネットを使うので、ウイルス攻撃などにより、個人情報が漏洩するリスクがある。

以上のように、メール相談には、メリット、デメリットがあります。自身の現在の状況や環境、自身が最優先にしたいものから考え、メール相談を使うかどうかの判断をされるとよいでしょう。

フリースクールなど不登校の子どもの居場所と選び方

「義務教育の段階における普通教育に相当する教育の機会の確保等に関する法律」の成立を受けて、不登校の子が安心して学んだり、人と関わる体験ができる場所が増えています。

POINT

- 在籍校以外にも通える場所はあります
- 不登校を直すというより、不登校を経て、社会的自立をめざします
- 本人の気持ちに十分に寄りそい、本人に合った居場所が見つかる場合もあります

これからどうするか家族で相談する

学校を休み、ある程度の心身のエネルギーが回復すると、家にいることがつまらなくなり、何かしたいという意欲がわいてきます。選択肢は大きく3つあります。登校再開、教育支援センターに通う（p116）、学校外の民間あるいは公設民営等の施設を利用する。**本人が選択することが大事です。**

在籍校には戻りたくない場合は、別の場所を探す必要があります。**本人が「ここに通いたい」と**

思える場所を、時間をかけて、親子で話し合いながら探してみましょう。

在籍校以外の学校・施設を利用する際の手順

①家から通える距離で探す

実際に通えることが重要です。小学生の場合、親の送迎が必要か要確認です。中高生の場合、一人で通えそうか、実際に数回通ってみるとよいです。公共交通機関を使う場合、学割が使えるか等の通学費用のことも確認してください。

②HP、パンフレットを見て、教育方針、内容、雰囲気、費用などをチェックする

内容は、学校によって、学習サポートが充実している、学習面で個別指導が受けられる、人との関わりを重視している、農業など自然体験が充実している、学校復帰を視野に入れ、規則正しい生活習慣をめざしている、国家資格である公認心理師※を持つカウンセラーがいて、親子で相談できる、全寮制など多様です。よく考えて、何を一番大事にするかを決めてから、選択するとよいでしょう。

③入学可能か確認する

受け入れる年齢の確認が必要です。受け入れ定員の空きがあるのかも要確認です。また、発達障害といった特性がある子どもを受け入れているか

※公認心理師　公認心理師は、公認心理師法を根拠としている、日本の心理職で唯一の国家資格のこと。

などもポイントです。
あと、お弁当持参かどうかもお忘れなく！

④受け入れ可能で、本人が気になったところは、見学に行く

必ず、体験入学をしてみてください。ＨＰやパンフに書いてあることと、実際に行って感じる雰囲気は別です。学校説明会、体験入学を設けているところを探して、利用してください。

⑤在籍校との連絡は継続する

在籍校以外の居場所を探していることを、在籍校にも伝え、共有してください。多くはありませんが、教育委員会等と民間の団体・施設が連携していることがあります。その場合、教育委員会や学校が情報を提供してくれることもあります。

在籍校以外の学校に通った場合、学校間で連携・連絡を取ってもらえるか、子どもが通った日数を出席日数としてカウントしてもらえるかなどを確認するとよいでしょう。**特に、受験を控えている子どもについては、あらかじめ、相談しておく必要があります。**

不登校児童生徒等を対象とする「特例校」

教育機会確保法では、「不登校児童生徒の意思を十分に尊重しつつ、個々の児童生徒の状況に応じた支援を行うこと」と定められています。これを踏まえて、文科省は、特別の教育課程を編成して教育を実施する学校（以下、「特例校」）の設置を促進しています。

法律では、「国及び地方公共団体が特例校の整備及び特例校における教育の充実のために必要な措置を講ずることが努力義務」とされています。つまり、地方公共団体は、特例校を新たに設置すること、また、特例校を既に設置している場合はその教育の充実を図ることなどに取り組むことが、努力義務の範囲で求められているのです。

「特例校」とは、不登校児童生徒の実態に配慮した特別の教育課程を編成して教育を実施する必要があると認められる場合、特定の学校において教育課程の基準によらずに特別の教育課程を編成することができるとする特例措置によって文部科学大臣から指定された学校をいう、と定義されます。

令和5年4月現在、公立学校14校、私立学校10校が設置されています（表参照）。

各校それぞれが特色ある学校づくりをしています。詳細は、各校のHP等を確認しましょう。

公設民営、民間のフリースクール

20年を超える歴史と実績を持つ施設から、最近できた施設までさまざまあり、受け入れている年齢層、施設の規模、料金、運営方針なども多様です。

民間施設についてもそれぞれの特色があるので、必ず見学、体験入学をしてから決めましょう。特に、利用料金については、担当者と面談して直接確認することをお勧めします。

通う先が決まったら、ゆっくりと時間をかけて慣れていってください。新しい場所は通うだけでも疲れます。「行ってらっしゃい」「おかえり」と声をかけ、見守ってあげてください。

特例校の設置状況（2023年現在）

北海道札幌市	星槎もみじ中学校
宮城県富谷市	宮城県富谷市立富谷中学校
宮城県白石市	白石市立白石南小学校・白石市立白石南中学校
宮城県仙台市	ろりぽっぷ学園小学校
東京都江戸川区	東京シューレ江戸川小学校
東京都葛飾区	東京シューレ葛飾中学校
東京都大田区	大田区立御園中学校
東京都国立市	NHK学園高等学校
東京都世田谷区	世田谷区立世田谷中学校
東京都調布市	調布市立第七中学校はしうち教室
東京都八王子市	八王子市立高尾山学園小学部・中学部
東京都福生市	福生市立福生第一中学校
神奈川県大和市	大和市立引地台中学校
神奈川県横浜市	星槎中学校
神奈川県横浜市	星槎高等学校
岐阜県揖斐郡	西濃学園中学校
岐阜県岐阜市	岐阜市立草潤中学校
愛知県名古屋市	星槎名古屋中学校
京都府京都市	京都市立洛風中学校
京都府京都市	京都市立洛友中学校
奈良県大和郡山市	郡山北小学校学科指導教室「ASU」
奈良県大和郡山市	郡山北中学校 学科指導教室「ASU」
香川県三豊市	三豊市立高瀬中学校
鹿児島県日置市	鹿児島城西高等学校普通科（ドリームコース）

文部科学省「不登校特例校の設置者一覧」より作成

民間施設

放課後等デイサービスの特徴と利用の仕方

放課後等デイサービス(通称　ほうでい)は、2012年4月より、児童福祉法に基づくサービスとしてスタートしました。障害のある子どもが、放課後や夏休み等の長期休暇中に利用することができる通所施設です。

POINT

- 子どもの自立、コミュニケーション力、集団生活力の獲得をめざします
- 在籍校と放課後等デイサービス間を車で送迎している施設もあります

放課後等デイサービスの役割と目的

①子どもの最善の利益の保障

障害のある子どもの自立や家族以外の人との交流を通して、成長をサポートする。ソーシャルスキル・トレーニング(SST、コラムp36参照)※などを積極的に導入し、人と関わる力の育成に力を入れている。

②共生社会の実現に向けた後方支援

※ソーシャルスキル・トレーニング（ＳＳＴ）　対人関係などのスキルを身につけ、社会生活を円滑に営んでいくためのプログラム。

子どもが地域社会との関わりを持つ機会を提供したり、放課後児童クラブや児童館を利用する他の子どもとも関わりながら、集団の中での成長を支援する。

③保護者支援

障害のある子どもの保護者を支援する。具体的には、子どもを預けることで、保護者が時間や気持ちのゆとりができ、また、家庭での養育に関する相談を聞いたり、アドバイスをすることで、保護者が安心して子育てできるようにサポートする。

他の児童福祉施設と放課後等デイサービスのちがい

学童

「学童」（児童クラブ、学童クラブ、学童保育）は、正式名称を「放課後児童健全育成事業」と言います。同施設は、保護者が共働き等の理由で、子どもが帰宅したときに、在宅していない場合に、子どもを預かり、遊びや生活を通して、成長をサポートします。

職員は放課後児童支援員と呼ばれ、保育士や教員免許などを持つ有資格者と無資格者が混在しています。

児童館

児童館は、遊びを通して、子どもの健全な育ちをサポートします。働く職員は児童厚生員と呼ばれ、保育士、教員免許、社会福祉士等を持つ有資格者と無資格者が混在しています。

放課後等デイサービス

障害がある小学生・中学生・高校生（特別支援学校を含む）が利用でき、必要と認められれば、満20歳に達するまで利用できます。利用時間（期間）は、放課後と、夏休み等の長期休暇期間です。

一番の特徴は、子どもの年齢、障害の種類と程度、個性を理解した上、個々に応じた「個別支援計画」を作成し、支援をすることです。

それぞれの子どもの現在の状況をアセスメント（得意なこと、苦手なこと、できること、できないことを把握するなど）し、短期目標、長期目標を立て、実行します。

もう一つの特徴は、子どもの在籍校や関係機関と積極的な連携が求められている点です。在籍校と放課後等デイサービスの役割分担を明確にし、学校側の教育支援計画と放課後等デイサービスの個別支援計画を連携させ、子どもに必要な支援を行っていきます。

具体的には、学校と施設間で、年間計画や行事予定、子どもの下校時刻について情報共有をしています。

医療機関、児童発達支援センター、発達障害者支援センター等の専門機関からは、通常のけがや病気だけではなく、障害の内容や程度に応じた支援方法に関することや、支援困難事例等についても助言を受けるなどして、より適切な支援を行います。

不登校児童生徒の放課後等デイサービスの利用について

不登校のお子さんが、放課後等デイサービスを利用する場合、放課後等デイサービスと在籍校あるいは、教育支援センター（p116）等が連携して、必要な支援を行います。

教育機会確保法（p95）ができたことで、義務教育段階の不登校児童生徒が、学校外の公的機関や民間施設を利用する際、そこでの学習の計画や内容が在籍校の教育課程に照らし適切と判断される場合、出席と見なす、学習評価を行うなどが可能になりました。

簡単に言うと、**学校長が放課後等デイサービスの活動内容を適切と認めれば、放課後等デイサービスに通った日は出席扱いになるということです。**現状では、各学校によって、判断、対応は異なりますが、学校長が放課後等デイサービスに見学に行き、活動内容を確認、情報共有をしている学校もあります。

放課後等デイサービスは現在、急激に数が増えており、そのため残念ながら、活動内容、スタッフの質にばらつきが見られ、事故や苦情件数も増えています。

また、SSTを取り入れていると謳ってはいるものの、実際にはほとんど行われていないなどの事例もあります。

施設を選ぶ際は、パンフレット、HPで情報を集めることに加え、施設見学や体験利用をして、慎重に判断するようにしましょう。

民間施設

不登校　親の会

同じ悩みがある人と出会い、つらい、不安な気持ちを共感することができたら、「自分だけじゃない。一緒に進んでいこう」と前向きな気持ちが持てます。
不登校に悩む同志と出会える組織として、「親の会」があります。

POINT

- 悩みを共有できる仲間に話す、話を聞ける場が解決に役立ちます
- 不登校の悩みを持つ先輩保護者から話を聞けます
- 不登校で悩み始めたばかりの保護者に、自分の体験を伝えることができます

悩みを分かち合う

不登校、子育ての悩みだけでなく、親の介護、職場の悩みなど、**一人で悩むよりも、同じ境遇にある人と悩みを共有し、共感できると、心身のつらさは和らぎます。「自分だけ」という孤独感から、「自分だけじゃない」という安心感へと変わるからです。**

共感とは、実は難しい作業で、相手の立場に立って、気持ちを想像しながら、自分もその気持ちを

感じることです。不登校の子どもの親を経験した人は、経験があるからこそ、共感できます。しかし、経験がない人は、「こんな気持ちなんだろうな」と想像はできますが、真の共感は難しいのです。

たとえば、親の会のような同じような悩みを経験した（している）人と出会い、話せる場があることは心の支えになります。

親の会で先に経験している「先輩」からヒントが聞ける

不登校の解決までの道のりは、子どもによりそれぞれですが、共通点もたくさんあります。先輩の「うちはそのとき、こうして乗り切ったんだよね」という成功体験にもとづくアドバイスは心強いものです。逆に、「こうしたら、かえって状況が悪化した」という失敗体験もまた参考になります。**親の会とは、悩みを話せる＋アドバイスを聞ける＝心が落ち着き、前向きになれる場なのです。**

近所に話せる場があるか探してみよう

保健所では、不登校や引きこもりで悩む家族を対象としたコミュニケーション方法を学ぶ会や、家族同士が交流する場を提供しているところがあります。NPO法人による家族会などもあるので、自治体、保健所などに問い合わせてみましょう。

民間施設

大学の心理相談室

大学の心理相談室は誰でも利用することができます。将来、心理職をめざす大学院生の研修機関も兼ねています。

POINT

- 地域に開かれた相談・援助施設であり、大学院生の研修機関でもあるため、料金がお手頃です
- 中学生から大人の場合は、面接で話をしながら心の回復をめざします
- 幼児から小学生くらいの子どもの場合は、おもちゃ、人形、トランポリン、卓球などの遊びを通して、心の回復をめざします

心理的な悩みに対応する地域に開かれた相談施設

大学に併設され、各大学の心理学を専門とするスタッフによって運営されています。心理の専門的な資格である公認心理師や臨床心理士の資格取得をめざす大学院生の教育研修機関も兼ねているため、教員の指導のもと、大学院生が相談員として対応します。

開室日時や面接時間等の詳細、利用料金につい

ては、各相談室によって異なるためHP等で確認しましょう。

相談はまず、およそ60～90分の初回面接が行われ、その後、対応が可能と判断されると、今後の日程調整が行われます。2回目以降の面接はおよそ50分間で、月に1回、あるいは2回など、定期的に行われます。小学校低学年の場合は、遊戯療法（プレイセラピー）が行われることがあります。

相談室では特定の担当者が付きます。思春期の子どもの場合は、担当者が男性または女性の方が話しやすいなどの要件があると思うので相談するようにしましょう。

子どもが社会に興味を持つきっかけにもなる

家族以外の人と安心して話をする時間や、一緒に遊ぶ機会を定期的に持つことは、子どもにとって、「自分は、家族や相談室以外の人とも関われるかもしれない、関わってみようかな」と感じる機会になります。

日常生活で他人と関わる勇気を持つきっかけになることも期待できます。

再び、登校しぶりになってしまったら

COLUMN

子どものエネルギーを再充電してあげることが大切です。

たとえば、２年間不登校だったけれど、不登校初期、安定期、再始動期を経て、現在は毎朝、登校している。そんな子どもも、ふとしたきっかけで再び、登校しぶり、休みがちになるケースがあります。**よくあるのは、進級を控えた3月初旬です。**

新しい友だちと仲良くできるのかな。新しい担任の先生は男性かな、女性かな。やさしいかな、厳しいかな。子どもの頭の中は不安でいっぱいです。日曜日は元気に遊んでいても、月曜日の朝になると憂鬱になり、朝ごはんも食べられません。涙がぽろりとこぼれてしまうことも。

そんなとき、お父さん、お母さんは、また学校に行かない状況が始まってしまうのかと不安に駆られ、子どもの将来まで想像してしまい、気分が落ち込んでしまうかもしれません。でも大丈夫です。**そういうときは再び、1日、学校を休ませて、エネルギーを充電してあげましょう。**

再始動して登校する子どもにとって、毎日、学校に通い、授業を受け、友だちと過ごすということは、親が想像するよりも多くのストレスがかかり、エネルギーを消耗しているのです。

親が仕事の予定を調整するなどの必要がありますが、親子で関わる時間をできるだけ長く取り、心のエネルギーを充電する機会を作ってあげたいですね。親も時に、仕事を休み、家で過ごすことは、リフレッシュになります。

一度、エネルギーが満タンになる経験（再始動）をしている子どもは、少し充電すれば再び、始動するでしょう。これを繰り返すことで、徐々に「心の余裕エリア」も大きくなり、安心して登校できるようになります。

「不登校」には必ず終わりが来ます。もしかすると不登校は、その子どもの成長に、必要な時間なのかもしれませんね。

4章

学習・進学・進路に悩んだら

不登校生徒の進学希望を叶える学校や体制は確実に増えている

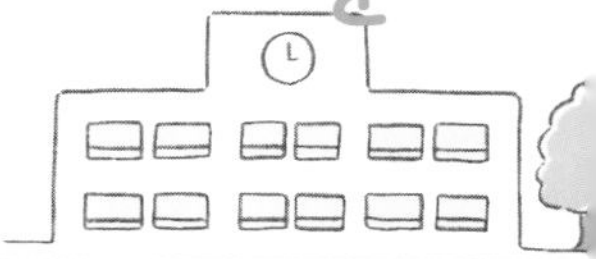

不登校はずっと続くわけではありません。子どもは、年齢とともに次のステージに進んで行くからです。小学校から中学校への進学と比べ、中学校卒業後の進路には、多くの選択肢があります。そのための準備が必要です。

POINT

- 中学校卒業後、何がしたいのかを考える時間が必要です
- 期限を決めましょう
- 本人の気持ちが決まったら行動を起こしましょう

学校以外の選択肢もある

義務教育を終えれば、その先は自由（任意）なので、学校に行く、働く、しばらく家事手伝いをするなど選択肢はいろいろあります。実際に、早く働き始めてお給料をもらいたい、と考えている子どももいますし、学校の勉強よりも、家の手伝いや仕事の方が向いている子どももいます。当人の考えを聞き、親子で中学校卒業後の進路を決めることをお勧めします。

豊富な進学先と進学準備

不登校生徒数の増加とともに、近年は不登校生徒が通いやすい学校、学校以外の場所も増えています。高校進学希望者は、現在、不登校であっても進学をあきらめずに、オンライン授業を自宅で受ける、提出物を出す、試験だけは別室で受けるなど、できることは可能な限り行いましょう。

これら全部、何もできない、という子どもは実は、とても少なく、むしろ「それはやりたい、やってみる」と言う子どもがとても多いのが実情です。学校と相談して、できる範囲のことをすれば、出席日数や調査書などが大きくちがってきます。

それでも不安がある場合は、担任の先生、進路担当の先生などに相談しましょう。

たとえば東京都では、チャレンジスクールという不登校の中学生の進学をサポートする高校があり、出願する際は調査書ではなく、出席日数、欠席日数を記さない「志願申告書」という書類を提出します。また埼玉県では原則、全日制および、定時制の課程のすべての学校で、「不登校の生徒などを対象とした特別な選抜」枠が設けられています。

志願申告書
私は中学1年生の後半から
起立性調節障害になり・・・
入学後は体調管理に
気を配り、特に部活を
頑張りたい

公立・民間施設

多様な学びを支える通信制高校とサポート校

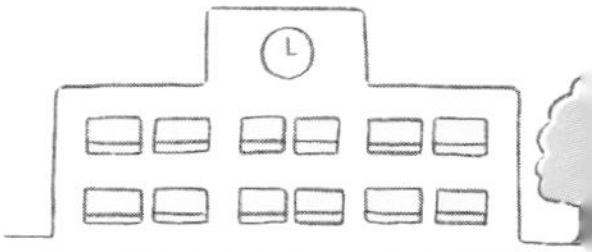

中学校にあまり通えなかった、あるいは高校に入学したものの、途中で退学してしまっても、大学進学を希望して、学習を再度やり直したいと考える人は、通信制高校の利用を考えてみてください。

POINT

- 人との関わり、集団生活が得意ではなく、毎日通学することが苦痛。いじめの被害にあい、人と関わることへの抵抗感があるが、勉強したい気持ちは強く、安心して勉強できる環境がほしい。学校の一斉授業のペースが合わず、自分のペースで学びたい。勉強は苦手なので、一対一でサポートしてほしい、といった人は、通信制高校の利用も考えてみましょう

通信制高校とは

通信制高校は、学校教育法で高等学校と認められた学校です。全日制の高校や定時制の高校と同様に、高校の卒業要件を満たし卒業することで、高等学校卒業資格を得ることができます。

全日制高校との最大のちがいは、毎日通学しなくてもよいこと、時間割等がないため、基本的に自分のペースで学習できることです。オンラインで配信される教材を学習し、レポートを作成し、

オンラインで課題を提出します。試験もオンラインで受けることができます。

授業にはスクーリングという制度があり、学校（スクーリング会場）に行って、学ぶこともあります。スクーリングは、学校によって異なりますが、月に1～2回（数日）、または年に数回、連続して数日間行うなどさまざまです。いくつかのパターンが用意されており、自分で選択できることが一般的です。

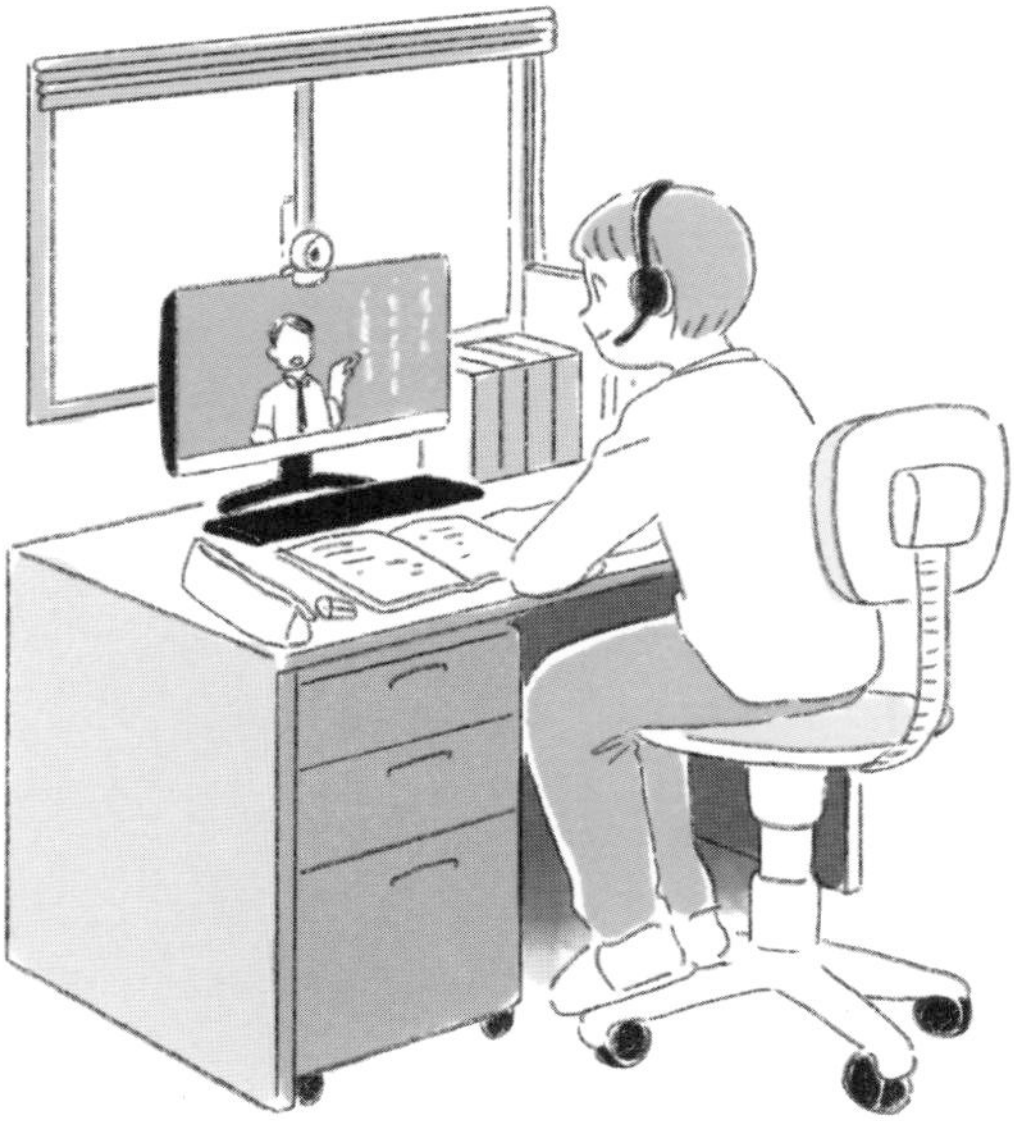

ここからが少し複雑な説明になりますが、「通信制」と言っても、通学できる学校があります。毎日オンラインがよい、週に半分くらい登校したい、友だちを作りたいから毎日登校したいなど、生徒一人一人で要望は異なります。それらに対応するため、学校に登校し、全日制と変わらない学校生活を送れる通信制高校もあります。

また学校によって、始業時間も多様です。朝9時から授業を開始する学校もあれば、10時くらいから開始する学校、あるいは午後から登校することもできるなど、授業時間だけでも多様な要望に対応できる時間設定がされています。

基本の教科の他に、IT、芸術、ダンス、外国語などの教科が用意されていて、また、進学のための学習や資格取得のための学習を支援するプログラムが用意されている学校もあります。普段オンラインで学習し、年に数日間のスクーリングを受けることで、高等学校卒業の資格が取れるという特徴から、海外で暮らしている人が通信制高校を利用することがあります。

広域通信制高校とは

公立の通信制高校は学区制です。「つまり、学校と自宅間の距離を確認し、スクーリングなどでも通えるかも含めて検討しましょう。私立の通信制高校は、限られたエリアから入学する「狭域」と、広範なエリアから入学できる「広域」があります。

広域通信制高校とは、全国の複数の地域から入学できる通信制高校です。近年は株式会社が設立した通信制高校も増えてきました。たとえば、IT企業のドワンゴと出版社のKADOKAWAが設立した学校法人は、全国各地にキャンパスや学習センターと呼ばれる教室があり、広範囲に学習する場所があります。

また、企業の強みを生かした独自のプログラムを用意している学校や、進学に力を入れ、実際に難関校と言われる大学への進学実績のある学校もあります。**各学校の特色、特徴があるので、学費等も事前によく調べて、学校見学や体験入学をすることをお勧めします。**

サポート校とは

サポート校は、学校教育法で認められている高等学校ではありません。そのため、サポート校のみで高校卒業の資格を得ることはできません。サポート校とは通信制高校を卒業できるように、文字通り、学習や生活をサポートする学校のことを言います。

通信制高校に入学するにあたり、サポートが必要と考える生徒は、サポート校に同時に入学します。多くのサポート校は、通信制高校と連携しているので、サポート校で取得した単位を、通信制高校の卒業単位として充てることができます。

学習面のサポート以外に、運動会、修学旅行といった学校行事を取り入れている学校もあります。

通信制高校の選択は何をしたいのかを基準に考える

通信制高校、サポート校は多様なので、家族でよく話し合い、本人の考えを重視して選択してほしいと思います。そのためには、**「自分はこれがしたいから入学する」という、その学校に入学する目的を明確にすることが大切です。**

子どもが一人で決めることは難しいので、親は家族で話し合ったり、一緒に学校見学に行ったりして、相談に乗ってあげましょう。

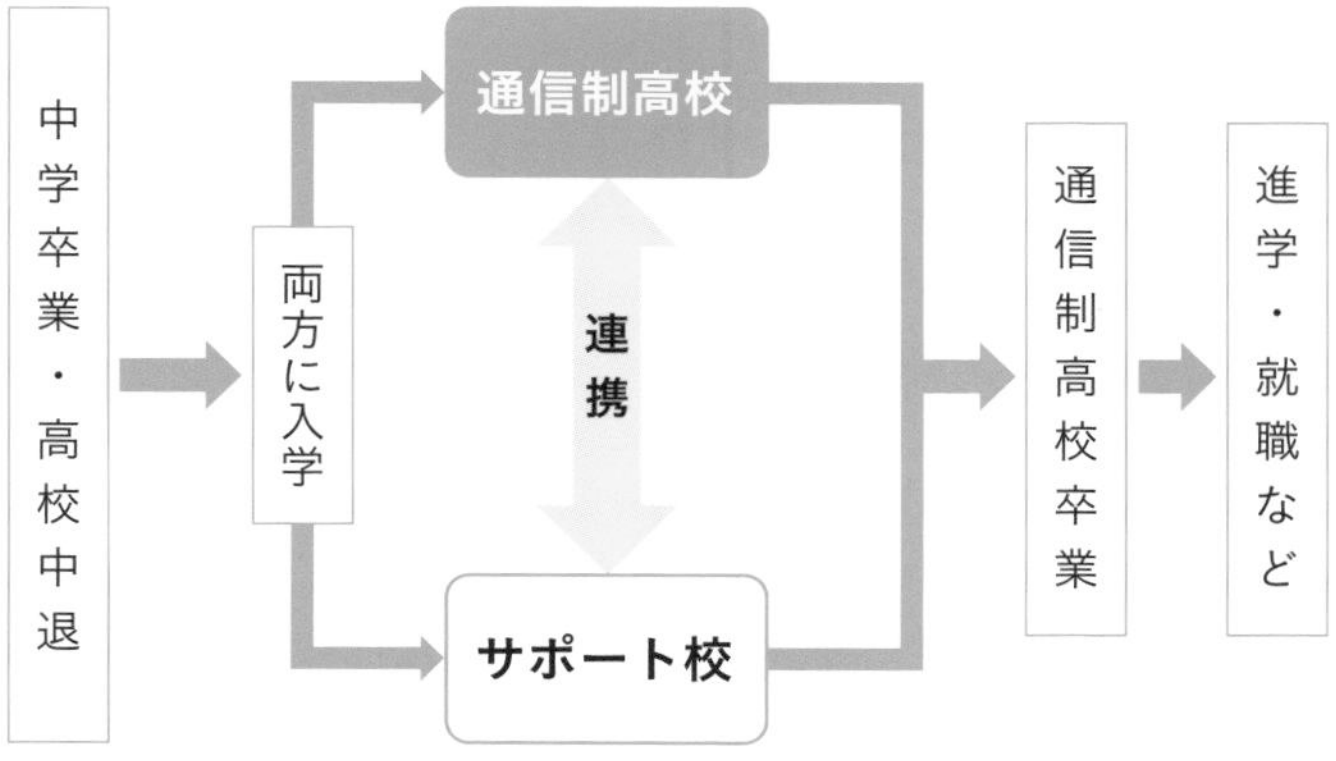

伝統と多様性を備えた定時制高校

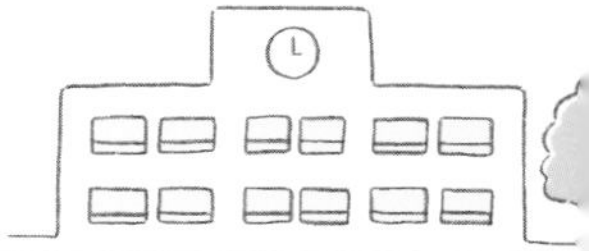

若いときに高校に通えなかった人が、働きながら通うイメージを持つ人も多いかもしれませんが、近年では、不登校の進学先としての役割も担うなど、変貌を遂げています。

POINT

- 仕事をしつつ学びたい人が対象です
- 学年制の高校は4年間で卒業、単位制の場合は3年間での卒業も可能で、卒業すると高校卒業資格が取れます
- 全日制と比べ学校数が少ない点に注意が必要です

従来型の定時制高校とは

各校により異なりますが、一般的な制度は次の通りです。

新入生は4月入学です。かつて他校に在籍していた人を対象とする転・編入学は10月、4月です。入試は学力試験と面接試験で行われます。

夜間定時制高校では、17時台から21時台くらいまで4時間の授業を受けます。栄養士が作る給食が安価で提供されます。クラス担任制で、授業ス

タイルは一斉授業、学期末に試験があり、部活もあります。

卒業要件は3年以上の在籍と74単位の修得で、「学年制」か「単位制」かは、学校によって異なります。**卒業時には、高校卒業資格が得られます。**

体育祭、修学旅行の他に、地域ボランティア活動、進路説明会などもあります。学費は全日制の半分以下が一般的で、卒業後は就職、専門学校、短大・4年制大学への進学が主な進路となります。

新しいタイプの定時制高校とは

東京都では不登校経験者を積極的に受け入れる「チャレンジスクール」を設置しており、同様の高校は近年、全国各地域に広がりつつあります。

特徴は単位制、昼夜開講の2あるいは3部制で、3部制の開始時間帯は、1部は午前、2部は午後、3部が夕方です。1日の授業数を少なくして、無理なく学び4年で卒業をめざす、または、日中に授業を多めに受け、3年で卒業する、というように自分のペースで卒業をめざすことができます。

中学校はほとんど登校できなかった生徒が、チャレンジスクールでは、友だちができ、生き生きと毎日通ったというケースがあります。子どもにとって、学校との相性もとても重要となります。

通信制高校に在籍し学習しながら技能教育施設などでも学べる

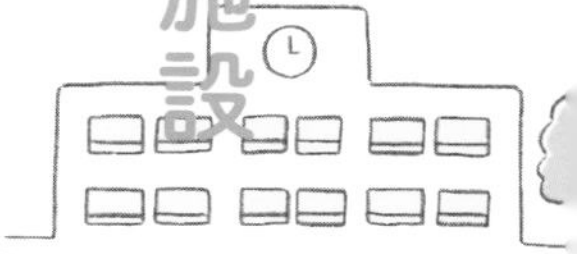

定時制または通信制高校に在籍する生徒が、在籍校と連携・協力する「技能連携校」でも学び、そこで取得した単位が在籍校の卒業単位として認められる「技能連携制度」があります。

POINT

- 連携先の学校で工業・商業・医療・福祉・ファッションなどさまざまな分野の勉強ができます
- 高卒資格が取得でき、かつ、専門分野の学習ができます
- この制度を利用しているのは多くが広域通信制高校であり、一部、定時制の高校もあります

通信制高校の利点を最大限に生かす制度です

通信制高校や定時制高校に通う利点は、距離や時間の制限に縛られることが少ないことです。そして、技能連携制度によって、在籍校と連携・協力している分校・協力校、技能教育施設、大学・専修学校・高等専門学校、サポート校などでも学ぶことができます。

広域通信制高校の多くは、全国にキャンパス（分

校とも呼ばれる）があります。各地域にある他の通信制高校やサポート校、フリースクールとも連携・協力している場合があり、それらの学校でも学習できることがあります。たとえば、ダンスが好きで日本一をめざしているのであれば、徹底的にダンスを学ぶ専修学校を併用することができます。

また、企業が設置している職業訓練校と連携している広域通信制高校もあります。たとえば、トヨタ自動車が運営するトヨタ工業学園では、トヨタの物づくりの技術を学ぶことができます。

広域通信制高校が、高等専修学校と連携・協力している場合もあります。高等専修学校とは、高等学校と並ぶ正規の後期中等教育機関で、高度で専門的な教育が受けられる学校です。

入学を希望する際は家族でしっかりと話し合うこと

通信制高校と技能連携校に通うには、二つの学校で学ぶため、通常よりも高額な学費がかかります。週5日通ったり、学習量が多く、課題等を消化しきれなくなる恐れもあります。本人と家族でしっかりと話し合うことが大切です。

民間施設

高等専修学校は中学校卒業後の進路の一つ

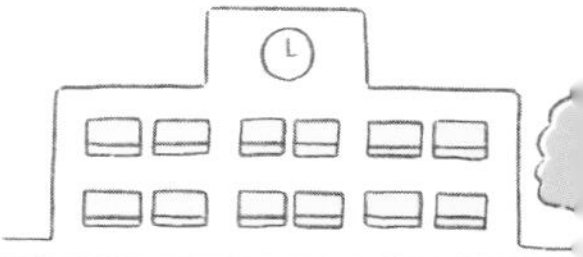

高等専修学校の目的は「社会に出て、すぐに役立つ実践的な職業教育を行い、いろいろな分野でスペシャリストを養成し、高等学校の枠に収まらない多様な教育を行うこと」です。中学卒業者が対象です。

POINT

- 職業に直結した知識、資格、能力を身につけるための学校です
- 高等専修学校と通信制高校をあわせて入学することで、高校卒業資格を得ることができます
- 高等専修学校卒業＝高卒資格ではありません。ただし、社会では、高等専修学校卒業が、高等学校卒業と同等に扱われる場合もあります

高等専修学校の特徴

就きたい仕事が決まっていて、早く社会に出て働きたい人にはお勧めの学校です。分野は、工業、農業、医療、衛生、教育・社会福祉、商業実務、服飾・家政、文化・教養の8つで、修業年限は、分野と学科によって異なり、1年制～3年制が多く、5年制もあります。

高等専修学校を卒業すると、国家資格（たとえば、調理師）が得られたり、国家試験受験資格（たとえば、

自動車整備士、美容師、理容師）を取得できたりします。

高等専修学校の生活は、全日制高校と変わりはありません。4月から学期が始まり、授業と試験、文化祭、体育祭、修学旅行といった学校行事もあります。各学校で力を入れている行事や部活があったりもします。

高等専修学校では学習意欲が重視されるので、入学試験では、面接などが行われ、比較的、入学しやすいです。進学を考える場合は、HPや学校案内のパンフレットだけでなく、やはり見学してみることが大切です。自分の目と体で学校と自分の相性を確認しましょう。

再チャレンジの場としての役割

不登校や引きこもりの状況にあった、あるいは、高校を中退したが、現在は学習の意欲があるという人を積極的に受け入れている高等専修学校もあります。最近の不登校児童生徒の増加に伴い、この役割は大きくなっています。

進学を考える際には、分野はもちろんですが、通学距離と時間、学習サポート体制や心のサポートの有無なども併せて確認しておくと安心です。

試験制度

大学受験に必要な資格
高等学校卒業程度認定試験

かつては不登校だったり、
高校を中退してしまったけれど、
今は目標に向かって進みたい
という人は要チェックです！

POINT

- 高等学校卒業程度認定試験（以下、高卒認定試験と略す）という制度があります
- 高卒認定試験に合格すれば、「高等学校卒業者と同等以上の学力がある」と認められ、大学入学資格や保育士等の国家試験の受験資格を手に入れることができます
- 就職選択の幅が広がり、自分がしたいことに挑戦できます

文部科学省が行っている
再チャレンジできる試験制度

中卒、高校中退、不登校経験者などの16歳以上の人に受験資格があります。学びたいのに学ぶチャンスを逃してしまった（恵まれなかった）人が、学びたい気持ちを実現できる制度です。

試験科目は国語・数学・外国語が必修で合計8〜10科目（選択科目による）。試験は8月と11月の年2回です。合格者は高卒者と同等に扱われ、国家資格の受験資格を得られます。

合格にたどり着くまでには、たくさんの苦労と努力と我慢が必要です。それは簡単なことではありません。だからこそ、**達成できると、「やればできる！」という自信が生まれます。この自信があれば、次のステージでも途中であきらめたり、逃げたりせずに、頑張ることができるでしょう。**

まだ10代 あきらめるには早すぎる

高校のときに不登校になり、先生から卒業は難しいと言われ、退学しました。チャレンジ校やフリースクールに通ってみたものの続かず、親に迷惑をかけている自分が大嫌いでした。

あるとき、親戚の子どもと遊ぶ機会があり、子どもと関われる保育士の仕事に興味を持ちました。調べると、保育士になるには短大や専門学校の卒業資格が必要とわかり、自分は高校も卒業していないからとあきらめたのですが、母から高卒認定試験を勧められ、覚悟を決めて挑戦しました。なんとか合格でき、今は短大の保育学科に通っています。将来は、やさしい保育士になり、子どもたちといっぱい遊びたいです。

※試験制度の詳細は、文部科学省のホームページで確認してください。

新たな道を歩み出す子どもの応援の仕方

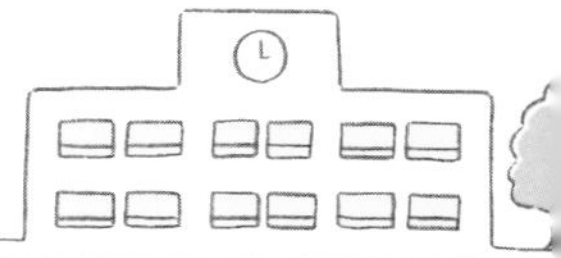

学校にほとんど通わなかった、人間関係がうまくいかなくて退学した、休みがちだったなどいろいろあったとしても、過去より前を見て、希望を持って進んでいく方が幸せに近づきます。新たな場所で挑戦しようとしている子どもを見守ってください。

POINT

- 基本は、見守ること。いってらっしゃい、お帰りなどの挨拶の声かけは、欠かさずする
- 子どもが期待を感じて、重荷にならないように、普通に接する
- 普段通りに食事を作ってあげる

進学・編入の基準は「本人がやりたいこと」

現在は、とても多様な学校があり、そのため、学校の特徴に目が行き過ぎると、自分の進学の目的がわかりづらくなってしまいます。学校を選ぶ基準は「本人がやりたいこと」であることを忘れないようにしましょう。

たとえば、進学の理由は「友だちを作りたいこと」と答える生徒もいます。その場合は、通学も

できる通信制高校（ｐ１４４）や定時制高校（ｐ１４８）、あるいは、高等専修学校（ｐ１５２）などが選択肢に入ります。

また、難関と呼ばれる大学に進学したいのならば、進学サポートに力を入れている学校を選ぶことになるでしょう。あるいは、外国に行って、美術、音楽、建築など、専門的なことを学びたいという考えがあるかもしれません。そういう場合は、

通信制高校に通いながら留学するという道もあるでしょう。

通学距離、時間、授業時間数、部活、行事などに加えて、経済面、卒業後の進路など、親子で見学に行き、相談して決めましょう。

新たな学校に通い始めた後の親の関わり方

基本的には、心の距離をとり、離れて見守ることです。学校の話を始めたときは、よく聞いてあげてください。**子どもが親に話しかけてくるときは、多くの場合、うまく行っている（普通にやれている）状態です**。子どもは親に話を聞いてもらえると、安心感、信頼感が増します。「どう思う？」「どうしたらよかったのかな？」などと意見を聞かれたときは、思ったように答えてください。子どもの話を聞いて、一緒に学校生活を楽しんであげましょう。

志願申告書の書き方

COLUMN

都立チャレンジスクールの「志願申告書」の書き方例です。
「自己申告書」作成の参考にもなります。

入学を希望する理由、魅かれた特徴を書く

貴学の学校見学会に行き、担任制、少人数制、カウンセラーがいることに安心と魅力を感じました。私は集団活動が少し苦手なので、少人数であれば、落ち着いて授業を受けられると思います。

将来の夢や希望を書く

私は、将来、SEになりたいという夢があり、そのためにはIT機器の操作や知識が必要です。貴学では、OAルームに1人1台のパソコンがあり、環境がよいことも魅力です。3年間でパソコンにたくさん触れて、ITスキルを身につけたいです。情報系の大学に進学したいという夢もあるので、進路の先生に相談できるのはとても安心です。

不登校の様子も正直に書く

中学ではテニス部に入っていました。1年生のときから、先輩からからかわれ、同級生からもからかわれるようになりました。だんだんエスカレートして、けられたりするようになり、部活に行くのが怖くなりました。そのうち部活を休むようになりました。校内で同じ部活の人と会うのも怖くなり、学校にも行けなくなりました。すごく悔しかったです。高校生になったら、もう一度好きなテニスをやりたいです。仲間と、どうしたら上手になれるのか、勝つための話し合いをしたいです。

学習面での展望を書く

学習面では英語を頑張りたいです。中学校のときに外国籍の人がいたのですが、勇気が出ず、話しかけられませんでした。英語に自信があれば、もっと話しかけられると思い、英会話、コミュニケーションに力を入れて、将来は国際社会で活躍できる人になりたいです。

入学後のビジョンを書く

貴学に入ることができたら、部活と英語とパソコンを頑張ります。辛いことがあっても、学校を休みたくありません。親、先生、友だち、カウンセラーに相談して、逃げずに、乗り越えたいです。3年間を通して仲間と楽しい思い出をたくさん作りたいです。

5章

子どもの症状が気になったら

起立性調節障害

起立性調節障害は体の病気（自律神経機能の低下）で、サボり、怠けとはちがいます。有病率は小学生で約5％、中学生で約10％と言われており、小学校高学年から高校生くらいまでに多く見られます。

POINT

- 当人は、朝起こされたことを覚えていない場合もあるほど、起きるのがつらい状況もあります
- 小児科を受診する。できれば、起立性調節障害の専門医に診てもらい、検査をしてもらうことが望ましいです
- 自律神経の乱れが原因と言われ、適度な運動と生活リズムの改善、服薬などが治療の基本となります

起立性調節障害の症状

朝起きるのが困難、頭痛、腹痛、吐き気、ふらつき、倦怠感など多様な症状が現れます。そのため、朝ご飯が食べられない、午前中は不調で、午後から調子がよくなるという状態も見られます。回復までの期間は個人差があり、数か月から数年、あるいは、成人期まで続くこともあります。

そうした際に、親はどんなサポートができるでしょう。**行動面では、朝起きられるように協力す**

ることです。本人が目覚ましをかけて自分で起きる努力をすること、加えて、親が普通の声の調子で「おはよう、朝だよ」と声をかけてあげてください。窓のカーテンを開け、太陽の光を取り入れてください。朝、太陽の光を浴びることで体内時計がリセットされ、体内のリズムが調整されます。

精神面では、身体がつらくて起きられないことを理解してあげてください。病院を受診し、起立性調節障害という診断が出た場合には、学校にも伝え、サポートをお願いしてください。

子どもが遅刻するときに有効なサポートの事例

中学生のAさんは起立性調節障害を発症している間も、なんとか頑張って登校していました。しかし、時々、午前中はつらくて、お昼の時間帯に登校することもありました。そういうときは、お母さんが、学校に事情を話し、担任の先生にサポートをお願いしました。

先生は、事情を理解し、4時間目後の給食の準備の時間帯に教室に入れるようにしてくれました。Aさんも給食準備で賑やかな時間帯に入室できることがとても気持ちの助けになったということです。

睡眠障害

近年、子どもの実に4〜5人に1人が、何らかの睡眠障害を抱えていると言われます。不眠や寝不足が続くと遅刻が増え、登校しづらくなり、元気がない、授業に集中できないといった影響が出てきます。

POINT

- 睡眠障害とは、睡眠に関連した多種多様な病気の総称です
- 睡眠障害は、環境の変化による不安やストレスから生じやすく、新学期開始時などは注意が必要です
- 睡眠障害の改善方法は、睡眠習慣の調整と薬物療法です

睡眠習慣を調整する

睡眠障害の原因と考えられる要因で、本書で取り上げている内容と関連が深いのは、ストレス、発達障害（p168、172、174）、ネット依存（p186）などです。発達障害の特徴を持つ子どもの睡眠障害は、感覚過敏や過集中、睡眠と覚醒を調整する体内時計の問題、日中の学校生活で受けているストレスなどが原因と考えられます。睡眠障害の改善に効果的なのは、次のようなことです。

毎日同じ時間に布団に入りましょう。照明を暗くすることで、睡眠と関係がある脳内のメラトニン※の分泌を促進し、睡眠に入るようにします。寝る前に体をリラックスさせることも効果的です。深呼吸をして、1日の楽しかった出来事を思い出すなどは、よい睡眠につながります。子どもが低学年の場合は、本を読みながら、添い寝をしてあげるとよいでしょう。

決まった時間に起きる

起床も大切です。**昼夜逆転を直すには、昨夜の何時に寝たとしても、朝7時など、決まった時間に起きることです。**朝起きたら、太陽光を浴びて、セロトニン※分泌を促進させると、体は覚醒ムードに入ります。自分で「おはよう、朝が来たぞ！」などと声に出すのも有効です。

日中にどうしても眠くなったときは、15分ほど仮眠を取り、眠気を覚ましてください。1週間ほどで、生活リズムが元に戻ります。

薬物治療が適応になることも考えられます。隠れている疾患がないか探すことも必要です。市販の睡眠薬を乱用すると危険もあるので、医師の指導を受けて薬を使用しましょう。

眠れないとき、横になって腹式呼吸をする（p53）のもリラックスできるのでお勧めです。

※メラトニン　脳内で生合成されるホルモンで、睡眠・覚醒リズムの調整左様、催眠作用がある。
※セロトニン　脳内の神経伝達物質の一つで、精神を安定させる働きをする。

片頭痛

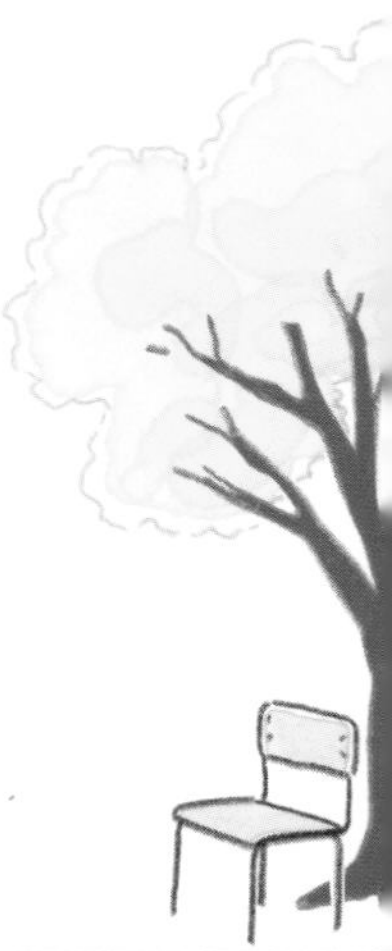

片頭痛は片側だけに起こる
ズキンズキンとする頭痛のことを
指します。頭痛が始まると、
考え事などできなくなります。
当然、授業にも集中できなくなります。

POINT

- 片頭痛のメカニズムは、まだ完全には解明されていません
- 誘発因子は、ストレス、気圧の変化、寝不足、寝すぎ、生活環境の変化などさまざまです
- 小児・思春期で最も多い慢性疾患の一つで、10人に1人程度いるという報告もあります

片頭痛とは

片頭痛は子どもの頭痛の中で一番多いタイプで、急に激しい痛みがあり、吐き気がしたり、実際に吐いてしまうこともあります。

いつ痛みが襲ってくるのかと不安で、消極的になりがちです。これを「予期不安」と言います。他方、周囲からは、「頭痛くらい我慢できるでしょう」などと軽く考えられてしまうこともあり、こうした対応は、当人を追い詰め、痛みを限界まで我慢させることにつながるので、周囲の理解も大切です。

片頭痛の予防は睡眠習慣とストレス

片頭痛の予防で大切なことは、規則正しい睡眠習慣です。そして、ストレスをためないことも大切です。思春期にはさまざまな悩みがあるので、自分に合ったストレス解消法（運動、音楽、他者とのコミュニケーションなど）を見つけましょう。小学生なら、親子で一緒にお風呂に入り、ゆっくりと話を聞いてあげるなどの方法が効果的です。

対処方法を学校と共有する

片頭痛が起こったときは、暗くて静かな場所で休ませてあげてください。片頭痛の持続時間は数十分間から数時間ですが、数日間続く場合もあります。重度の場合は、無理せずに学校を休ませ、安静にさせましょう。こうした対処方法を学校と共有し、**学校で片頭痛が起こったときは、保健室で休める環境を用意しておくと、子どもは安心して過ごせます。**

また、**親が片頭痛を病気と認識して理解することは、子どもの頭痛に対する緊張感や不安を和らげます。**

場面緘黙症《ばめんかんもくしょう》

場面緘黙症《ばめんかんもくしょう》は、話したくても話せない不安障害の一種です。
症状による苦しさを周りが理解して、安心して話せるように、少しずつ自信をつけさせることが大切です。

POINT

- 話の内容を理解できないわけではなく、特定の場面や状況で話すことができないために、さまざまな場面で苦しい思いを経験しています
- 治療に時間がかかるため、焦らずじっくりとサポートしましょう

家族とは話すけれど、学校などでは話せない

場面緘黙症《ばめんかんもくしょう》とは、家族や親しい相手とは話すことができるのに、学校やお店などの社会的な状況において話すことができない、不安障害の一種です。

特定の場面や状況で話すことが期待される際に、声が出せない、話すことをためらう、ときには首を縦に振るなどの非言語的なコミュニケー

ションも困難な人がいます。

近年の学校教育は、グループでの話し合いや発表の機会が多くなっているため、皆の前で話す場面で自分だけ話すことができないと苦痛を感じ、学校に行きたくないという気持ちが生まれてしまうかもしれません。

また、クラス替えの後など、周りが新しい友だちを作っているときに、話せないことでチャンスを逃してしまい、クラスで孤立してしまうこともあります。クラスでの居場所がないと、学校に行っても楽しくなくなり、登校しぶりや不登校になる恐れがあります。

家族や周りの大人ができること

家族が子どもの不安やつらさを一番に理解する存在となること、「話せた！」という経験の積み重ねを自信につなげることが大切です。

わからないことがあった際に聞くなど、学校の場面や屋外の場面で生かせるような練習の機会を家庭で作ってみるのはいかがでしょう。その際は、時間をかけてゆっくりと少しずつステップアップしていくことを意識しましょう。緘黙の特徴や子どもが話せる状況を担任の先生と共有し、学校に協力のお願いをすることも重要です。

LD（学習障害）

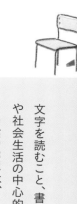

文字を読むこと、書くことは学習活動や社会生活の中心的要素です。LD（学習障害）は、これらが苦手な状態で、学習がつらいことが原因で、登校しぶりになることもあります。

POINT

- 学校で過ごす時間の多くは学習ですから、それが苦手であれば、多くの時間がつらい時間と感じてしまいます
- LDは発達障害の一つで、脳の機能の問題です。性格や怠けではありません
- LDの中でも多くの割合を占めるのがディスレクシア（読字障害）です

LDの一つ、ディスレクシアの特徴

現在大学生のAさんは、小学校の頃から、板書をノートにとるのが苦手でした。たとえば、「あ」と「お」、「わ」と「れ」、「め」と「ぬ」などの形が似ている文字を書き間違えたり、「り」と「り」のように、ドリルに表記されている文字と黒板の文字の字体が少し異なると、ちがう文字だと捉えて、書き間違えてしまいます。そのため、周りの友だちよりもノートをとるのが遅く、しかし、先

生には「消さないでください」とは言えずにいました。

大学生になった現在は、先生の許可を得て、黒板をデジカメで撮影したり、講義を録音するなどして、授業を受けています。

ディスクレシアは、全体的な発達には遅れはないものの、文字の読み書きに限定した困難があり、「文字の読み方がわからない」音韻処理不全タイプ、「文字の形がわからない」視覚情報処理不全タイプなど、症状にも個人差があります。

自信を失い、登校しぶりになる前に学校と家庭のサポートが必要

まずは担任の先生、SC（スクールカウンセラー）※に相談し、医師の診断を受けましょう。そして本人から困りごとを聞いたり、授業のノートの様子を見て、医師、学校、家庭で共有し、プリント類にはよみがなを振るなどのサポート内容を学校側と共有しましょう。

また、**先のAさんの経験を参考にすると、困っている状況で、「もう一度お願いします」「もう少し時間をください」と言える、「援助要請力」を身につけることも大切です。**（p92）

※スクールカウンセラー（SC）　児童・生徒、保護者、教員のカウンセリングを行うカウンセラー。

不安症／分離不安症

不安症／分離不安症により、登校しぶりや不登校気味になる場合があります。
学校に行くことが嫌なのではなく、親と離れることがつらく、嫌なのです。
練習や環境整備などによって改善する可能性があります。

POINT

- 親と離れることへの不安・苦痛から学校に行くことを拒みます
- 小学校低学年・中学年の子どもに多く見られます
- 親子が離れる練習と、帰宅すれば親が待っているという、安心できる環境を作ることが大切です

愛着のある人と離れることに不安を感じる

不安は誰もが抱く感情です。しかし、その不安が強すぎると、苦痛に感じたり、生活に支障が出てきたりするなどの弊害が生じます。これを不安症と言います。一緒にいるだけで安心する、無条件の絆がある、つまり、愛着のある人と離れる際に、強い不安や恐怖を覚える状態となる、これを分離不安症と言います。

分離不安症は通常、お母さんと離れる際に多く見られます。子どもは親と別れることに強い苦痛を感じ、学校に行くことにも抵抗を感じるようになります。

別れる際に子どもが泣き崩れるなどの様子を見ると、親も別れるのがつらくなるのではないでしょうか。親が強く寂しい思いを感じていると子どもも離れがたくなるなど、親子が相互に影響しあっている可能性もあります。

どのようにして離れる場面を乗り越えるか

不安やつらい場面を克服することは誰にでも難しいことです。そのため、練習が必要です。**お休みの日などを利用して、子どもは祖父母宅へ行って過ごすなど、親子が離れる場面を経験することが練習の一つとなります。**最初は短時間で始めて、少しずつ時間を増やしていきます。また、**家の外でも安心できる人や場所をつくっていくことが大切です。**たとえば学校では、先生や友だち、自分の席や図書室などです。

このような練習や環境を整える工夫をして、親と一時離れても、また会えるから大丈夫なんだという感覚を得られるようにしていきましょう。

自閉スペクトラム症

自閉スペクトラム症は、コミュニケーションが苦手である、こだわりが強いなどの特徴があります。種類も複数あり、それにより、症状や重症度に幅があります。

POINT

- コミュニケーションが苦手で、友だちとトラブルになりやすく、いじめや不登校につながることがあります
- 発達障害の一つで、先天的な脳の機能の障害であり、性格や努力不足、親の育て方によるものではありません
- 共通する特徴がある一方で、一人一人の個性や特徴もあります

自閉スペクトラム症の大きな3つの特徴

コミュニケーションが苦手　相手の気持ちを察することが苦手です。相手が嫌がっているのがわからず、相手を怒らせてしまうことがあります。

また言葉を文字通りに受け取ってしまいます。先生から、「寄り道せずにまっすぐ帰りましょう」と言われ、「おうちに帰れない」と泣き出してしまった子もいます。「まっすぐ」＝「曲がってはいけない」という意味だと捉えたからです。

社会性が未熟　自分が読みたい本があると、他の人が読んでいても、急に取り上げてしまうことがあります。こうした場合、叱るよりも、どうしたらよかったのかを具体的に教えることが重要です。（p36）

想像することが苦手　見通しを立てたり、急な予定変更を受け入れることが苦手です。たとえば、楽しみにしていたプールの授業が、当日の朝に中止となり、強いストレスを受けて、パニックを起こしてしまったりします。事前に「明日はプールがありますが、中止になることもあります」と伝えておくことで、比較的、スムーズに受け入れられるようになります。

子どもとの有効な接し方

指示は具体的に短く　本人の側《そば》まで行き、名前を呼んで、こちらを向いてから伝えるなどの工夫をするだけで、本人の理解度は上がります。

友だちは一人でもよい　たくさんの友だちではなく、関わりやすい友だちと関わり、まずは一対一の関係を作る経験を積むことが有効です。

ストーリーを聞く　トラブルになったときは、トラブルに至るまでのストーリーを聞き、どうすればよかったかを一緒に考えます。どのように行動したらよかったか、相手にどのように伝えたらよかったのかなど、具体的な内容を子どもと一緒に考えます。

ADHD（注意欠如・多動症）

約束を忘れる、物を失くす。落ち着きがない。関係ないことを急に言う。こうしたことで周囲から浮いてしまったり、大人から注意されることが多くなりがちで、自己肯定感の低下や登校意欲の低下につながります。

POINT

- 「不注意」「多動性」「衝動性」が3大特徴です
- 個人差（個性）があります
- 授業中ずっと座っている、話をずっと聞いている、列に並んで待つといったことが苦手です

ADHDの3つの特徴

不注意　集中力が弱い一方で、好きなことには熱中して取り組みます。注意力が弱く、友だちや物にぶつかったり、転ぶことも多いです。手元を見ずに作業をするのでけがも多くなりがちです。

多動性　長時間、話を聞く場面は苦手で、落ち着かず、周りの友だちにちょっかいを出したりします。運動会や遠足で列に沿って自分の順番を待つといった場面も苦手です。

衝動性　友だちの新しい消しゴムが気になると、人の物でも、近くで見たい、触りたいという欲求が勝ってしまい、勝手に手に取り、トラブルになったりします。

ＡＤＨＤの子どもは、周囲とうまくいかず、自信をなくし、不登校へと発展してしまうケースがあります。そのような場合は、学校側への相談、病院での受診を検討してみましょう。

学校で過ごしやすくなる対応を

Ａさんは、担任からよく注意を受け、友だちとの喧嘩も多く、学校が苦手でした。進級して担任が替わると、Ａさんの様子が変わりました。新しい担任は、Ａさんの不用意な行動、不意な発言を意図的に見逃す場面もあり、Ａさんを常に注意することはありませんでした。叱られる回数が減ったことで、Ａさんは明るくなり、友だちも増えました。ＡＤＨＤの特徴も徐々に収まって行きました。

注意の仕方により、子どもに自信を持たせることも、ＡＤＨＤの子どもの不登校の回避につながります。

気分障害（うつ病／双極性障害）

勉強や人間関係を学ぶと同時に、心と体が成長する時期でもある10代。変化も多く、傷ついたり、つらい経験をすることもあるでしょう。過度のストレスを感じないためには、周囲が相談を聞いてあげることが大切です。

POINT

- 気持ちの落ち込んだ状態などが2、3週間以上続くと、うつ病の可能性があります
- 双極性障害（躁うつ病）は、ハイテンションな状態とうつ状態が交互に繰り返されます
- 先天性の発達障害とは異なる点に注意しましょう
- 気分障害が原因で不登校になっている場合は、気分障害の治療を優先しましょう

10代でも気分障害になります

子どもは元気なものという印象から、うつ病とは縁遠いように感じますが、さまざまな調査研究から、子どものうつ病患者は、一定数いることがわかっています。

うつ病患者の気持ちの変化は、最初はイライラして怒りっぽくなり、次に不安を訴え始めます。それまでできていたことができなくなる、楽しい、うれしいという気持ちになれない、自分は生きて

いる価値があるのか、生きていてよいのだろうかという考えが浮かび始める、というようなプロセスをたどると言われています。

他のすべての病気と同様に、うつ病も早期発見、早期治療が必要です。なお、うつ病と双極性障害は同じ病気ではないので、治療内容や薬も異なります。診察の際は、当人からの説明は難しいため、親が日頃の様子、状態を具体的に伝えるようにしましょう。また、安全のためにも、一人で通院をさせず、親が付き添うようにしましょう。

登校より健康になることを優先する

不登校の原因が気分障害だった場合、まずは、健康を取り戻すための治療を優先しましょう。気分障害の治療は時間がかかりますが、きちんと治療を受け、服薬することでよくなります。必要に応じて、SCや病院のカウンセラーのカウンセリングを併用することをお勧めします。

この場合、「早く直して学校に行きなさい」といった発言は控えてください。時間をかけて、安心して療養することが回復への近道であり、また、再発の予防にもなります。

自傷／リストカット

自傷／リストカットとは、自分で自分を傷つけてまで、メッセージを発信しているということです。メッセージの内容をキャッチするためには、当人の話を丁寧に辛抱強く聞く必要があります。

POINT

- 自傷行為は自殺リスクを高めます
- 不登校の状態でかつ自傷行為があれば、不登校よりもまず、自傷行為への対応が優先です
- 親は、自らを傷つけているわが子と向き合う勇気と、SOSを出しているわが子の苦しさを受け止める気持ちの強さが求められます

なぜ、自分を傷つけるのか

その女の子は父親と2人暮らしでした。学校でのいじめ、ネット上でのトラブルで、学校も休みがちでした。つらいと感じているとき、父親に話を聞いてほしいと手紙を書いたりしました。しかし、父親は仕事を理由に子どもと話すことを避けました。父親に話を聞いてもらえなかった女の子は、リストカット（リスカ）を始めるようになり、ついには不登校になってしまいました。

自傷行為によるメッセージは、苦しい、助けて、こっちを見て、というSOSなのです。

子どもに対して親ができること

親自身の中に、心理的抵抗（なんで、そんなことをするんだという気持ち）があり、リスカをするわが子を受け入れ難いこともあるでしょう。しかし、まずは、自分で自分を傷つけるほど苦しんでいる子どもに関心を向けましょう。

傷の手当てをして、「大丈夫？」と声をかけ、落ち着いたら、子どもの話をよく聞きましょう。そのとき、理由を尋ねたり、責めたりはしないでください。

リスカは、家族だけで解決することが難しい問題です。だからこそ、早めにSCや医師に相談することが大切です。親の動揺や心理的な抵抗が強い場合には、まず、親がカウンセリングを受けることも有効です。親がカウンセラーに受け止めてもらうことで、子どもへの接し方にも「ゆとり」が出てきます。そのゆとりがある程度、溜まると、子どもを受け入れるスペースができます。子どもが出したSOSがきっかけで、家族がどうあるべきかを考え、家族がよい方向に再構成された事例もあります。

摂食障害／神経性やせ症

国立成育医療研究センターによると、コロナ禍以降で小中学生の神経性やせ症は約1・6倍に増加しています。学校に行く機会が減り、対人的交流が減ったことがストレスとなり、症例の増加につながっていると考えられます。

POINT

- 摂食障害から、貧血、月経異常などの体の症状につながることがあります
- 摂食障害が長期におよぶと、高血圧や強い栄養失調といった後遺症が残る場合もあります
- うつ病の併発、自殺による死亡にも注意を払う必要があります

「神経性やせ症」と「神経性過食症」、その他の摂食障害に分けられる

摂食障害の中でも「神経性やせ症（神経性無食欲症）」は10代～20代に多く発症し、体重が増えることを恐れ、極端な食事制限などのダイエットを試みる病気です。食欲をコントロールできず、大量の食物を食べてしまったり、食後に罪悪感を抱き、意図的に嘔吐したり、下剤を使用して体重増加を阻止しようとする人もいます。

もともと低体重で標準を下回っていても、やせることを自分の意思で止めることが難しく、精神疾患の中でも最も死亡率が高い病気です。家族の中で気になる場合は、早めに受診するようにしましょう。

進路問題、いじめ、家庭内でのストレスで発症することが多い

特に、思春期では、精神と身体の急速な成長について行けず、心理的に不安定になりやすいため、発症しやすいと言われています。また、やせているモデルを見て、あこがれからダイエットを始め、体重が減っていくことに快感を覚えて止めることができなくなったケースもあります。

治療には、本人が自分は病気で治療が必要なことを認識する必要があります。しかし、なかなか認めない場合も少なくありません。**親は、子どもの体型、食事、睡眠、入浴、生理現象などに目を向け、異常にいち早く気づき、養護教諭、SC、医師などの専門家に相談しましょう。**

摂食障害からの回復には、長い時間が必要です。それだけに、家族の協力がとても大事になります。励ましの言葉や温かいコミュニケーション、父親と母親の仲がよい姿を見せることなど、家庭が安心できる場所と認識できることで、早い回復が期待できます。

強迫症

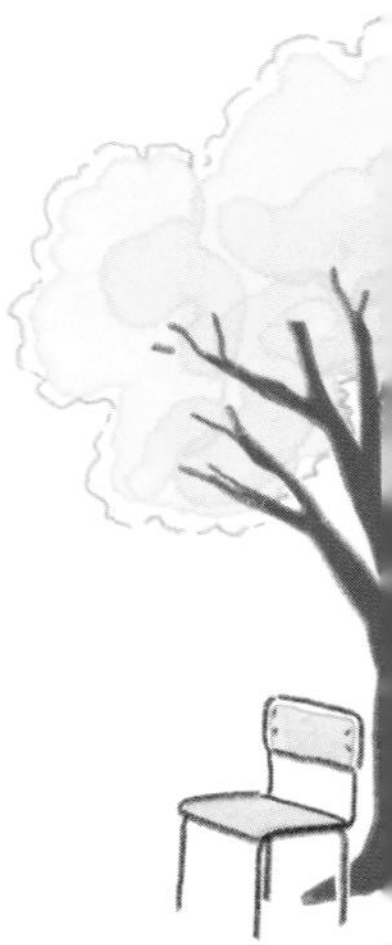

強迫症は、不登校・引きこもりの一因であり、また、不登校・引きこもりを長期化させる一因でもあります。本人はもちろん、強迫行為を止めさせようとする家族も疲弊してしまうので、早めの対応が必要です。

POINT

- 強迫症は心の不安から生じている病気で、生活に支障が出るほどの強い不安を抱いています
- 治療では、薬物療法、認知行動療法、カウンセリングなどが行われます
- 強迫症により、暴力の対象が家族となる可能性もあります

強迫症とは

たとえば、「不潔恐怖」という症状では、最初は手すり、ドアノブなどが汚れていると感じ、そのうち、汚れが家中に付着しているような気になります。やがて家中の箇所に触れられなくなり、床も歩けず、自分のベッドから降りられなくなることもあります。台所の調理器具、食器も汚いと感じるので、食事も満足にできなくなります。

「汚れている」という考えが頭に浮かび、離れ

なくなることを「強迫観念」と言い、触れられなくなってしまうことを「強迫行為」と言います。

家族が強迫行為を止めさせようとすると、家族に暴言を浴びせたりすることがあります。また、自らの安心感を求めるために、自分の強迫行為を

強迫症の例

不潔恐怖	汚れや細菌に過剰に反応し、ドアノブや手すりなどが触れない
確認行為	戸締まり、電気器具のスイッチなどを過剰に確認する
儀式行為	決めた手順で物事を行わないと不安になり、必ず同じ方法で行う
数字や物へのこだわり	不吉な数字、物の配置などに異常にこだわる

家族にも求めるようになります。「自分だけではない」という感覚が得られ、不安が一時的に少しでも和らぐからです。家族もまた、先回りをして、子どもが満足する環境を整えたりするようになります。しかし、これらはすべて解決とは逆の悪循環に発展し、本人も家族も疲弊してしまいます。

家庭内で解決を図らず、早めに専門家に相談する

強迫症の傾向がある子どもは、集団生活をする学校では、自分の思い通りにならないため、学校へ行くと非常に疲れます。次第に学校そのものが苦痛になる場合があります。

この病気の治療の大きな目標は、**自分が「こうあるべき」という考えから外れたとしても、「そういうときもある」と許容できるようになることです**。医師と本人、家族が相談しながら治療しましょう。

統合失調症

統合失調症の治療、早期の回復のためには、家族が病気の特徴を理解し、根気よく支援することが重要となります。

POINT

- 統合失調症は脳機能の病気であり、慢性疾患の一つです。医師に相談する必要があります
- 治療開始が早いほど、回復の可能性も高くなります
- 薬の服用を勝手に止めない。自己判断で止めた場合、症状が悪化することが多いです

統合失調症の主な初期症状

妄想　実際にはあり得ないことを繰り返し主張する。誰かが自分をずっと監視している、など。家族が大丈夫と言っても、聞き入れない。

幻覚・幻聴　見えるはずのない物や聞こえるはずのない声が聞こえると言う。

意欲の低下　これまで好きだった物に興味関心を示さなくなる。家族や友だちとの付き合いをしなくなる。何もしないで過ごす。

感情の鈍化　感情を表さない。また、相手の感情がわからない。

日常生活の困難　歯磨き、入浴などの基本的生活をしなくなる。話がかみ合わない、記憶力の低下。

思春期は自我を形成する時期で、口数が減ったり、不可解な行動をしたりする場合があります。また、発達障害があり、不可解な反応をしている場合もあります。うつ病の症状の可能性もあります。**子どもの場合、診断が難しいため、できるだけ「思春期外来」「児童精神科」など専門医に診てもらうようにしてください。**

この病気の治療では、継続して服薬することが大切です。妄想や幻覚といった初期症状が治まると、徐々に安定していきますが、自己判断で服薬を止めると症状の悪化につながるので注意が必要です。

病気の特徴を理解して根気よく治療する

子どもの異変に気づいたら、速やかに医師に相談し治療を受けさせましょう。この病気の特徴や、長期間の治療を要する慢性疾患であることを理解して、根気強くつき合うことが大切です。

統合失調症は強いストレスなどにさらされたことがきっかけで発症すると言われています。親の育て方とは関係ないので、自分を責めるような考えは抱かないようにしてください。

支援のポイント

- 本などを読み、家族も病気についてよく理解する
- 服薬、付き添いなど、できる範囲で治療の援助をする
- 自分の時間を大切にして、あまり自分を追いつめない

家族が気をつけたいこと

- 批判的な言い方、責めるような言い方をしない
- 本人が不安にならないよう、心配し過ぎず、できるだけよい面を見つけるようにする
- 医師の治療を疑うような発言はせず、疑問がある場合は医師に相談する

ネット（スマホ・ゲーム）依存

動画、ゲーム、SNSなどが24時間利用できる現在の環境は、不登校の長期化、引きこもりへの発展の一因になると考えられます。

POINT

- 本人にネット依存の自覚があり、親や周囲から注意されて、自身でネットの利用を制限できる場合は早期回復が期待できます
- 本人にネット依存の自覚があり、さらに朝起きられない、体調を崩しがちなど、生活への支障があるにもかかわらず、ネットの利用が制限できない場合は危機的な状況です

ネット依存が不登校の原因となる

ネット依存が深刻化すると睡眠時間が極端に短くなり、朝起きられず、学校の欠席が増え、眠気から授業に集中できず、学習に支障が出てしまいます。先生や親からの注意も増え、それに反発して口論が増えたり、部活を辞めてしまったりします。不登校のきっかけにもなります。

健康面への影響も大きく、生活習慣が乱れ、食事を取らずにゲームをしたりします。近年では、

過剰なネット利用は脳機能を低下させるなどの影響があることがわかっています。脳が発達段階にある子どもは、大人以上に影響が大きいのです。

アップルの創業者スティーブ・ジョブズ氏は、「10代の子どもにIT機器は必要ない」と考え、わが子に使用の制限をしていた話は有名です。

ネットと適度な距離をとることは大切です

不登校となり、スマホをする時間が多くなったAさんは、お父さんの勧めで、スマホのカメラ機能を使って写真を撮り始めました。街の魅力を写真で伝える企画展に出品したところ、展覧会で掲示されることとなりました。それからAさんは外出が増え、活発になりました。通信制の高校に入学し、写真部で仲間と撮影に出かけたりしています。

スマホ以外の楽しみを見つけ、ネットから一定の距離をとることができるようになったよい例です。ネット依存までいかなくとも、スマホ等の利用時間が長く、日常生活において好ましくない影響が出ている場合、可能であれば、早いうちに、ネット依存の専門医に相談しましょう。

おわりに

　コロナ禍の3年間により、マスク着用、ソーシャルディスタンスなど、私たちの生活は大きく変わりました。学校では、分散登校、黙食、オンライン学習などが導入され、運動会、体育祭、修学旅行などの行事は中止となり、子どもたちは、仲間と関わり、思い出を作る機会を失いました。

　文部科学省によると、2021年度の不登校の子どもの割合は、小学校で1・3％（前年度1・0％）、中学校では5・0％（前年度4・1％）で、コロナを境に増加率は上昇しています。学校側も、別室（保健室）登校、放課後登校、自宅学習など、登校・学習の形態多様化を求められ、先生やスクールカウンセラーが対応に苦慮しています。

　筆者も、学校を訪問して不登校の現状を把握し、先生方へ「不登校」「子どもたちの理解」といったテーマで研修会を行って、学校側と情報を共有、対応を検討しています。また筆者の研究室で教育心理学を学ぶ学部生や大学院生をボランティアとして中学校に派遣し、生徒の学習サポートや話し相手、別室登校している生徒のサポートといった取り組みを進めています。

本書は、こうした不登校への対応策の一つとして執筆しました。執筆を通じて、一つの大切な存在に気づくことができました。それは、これまでに関わった、不登校を経験した子どもたちとその親です。当時の情景や彼らの表情が思い出され、彼らの気持ちをより深く理解することができたのです。そうした思いや考えも、本書には反映しました。

今は不登校でも、やがてあなたが誰かの支えになる日が来ます。その日に備えて、自分を大事にしながら、エネルギーを蓄えてほしい。親御様には、わが子の成長を信じて、見守ってほしいと思います。人同士がつながり、支え合う社会になることを願って。

著者　藤枝静暁

参考文献・サイト

本書の内容で触れた本、また、子ども理解、親子関係づくり、学校理解、学校との関係づくりに役立つと思われる本やサイトを紹介します。

人の成長に関する本

人の誕生から死別までの心身の変化を発達と言います。子育てはもちろん自分を知る上でも、発達について知っておくとよいことがたくさんあります。逆に、発達を知らずに子育てをするのは、地図を持たずに進もうとするようなものです。発達を知ることで子どもの成長をもっともっと楽しむことができます。

『対人援助職のための発達心理学』（藤枝静暁編著他／2021年／北樹出版）

『まんがでわかる 発達心理学』（渡辺弥生監修／2019年／講談社）

スクールカウンセラーに関する本

本書でも繰り返し登場するスクールカウンセラー。コロナ禍の学校で役割がどう変わったのか、最新のスクールカウンセラーの様子を紹介します。

『新時代のスクールカウンセラー入門』（松尾直博／2023年／時事通信出版局）

発達障害に関する本

発達障害と不登校、いじめの関連は教育関係者、医師などから繰り返し指摘されています。個々の理解ではなく、一体的に理解できるとよりよいでしょう。

『発達障がいといじめ』（小倉正義編著／2023年／学苑社）

『発達障害が引き起こす不登校へのケアとサポート』（齊藤 万比古編／2011年／学研）

援助要請スキルに関する本

本書で繰り返しお伝えしたように、一人で抱え込むことはよくありません。援助の求め方を身につければ、安心感が生まれます。

『援助要請のカウンセリング』（本田真大／２０１５年／金子書房）

ソーシャルスキルに関する本

ソーシャルスキルは子どもだけでなく、大人にも必要です。親子で一緒に読んで、スキルを身につければ、人間関係の苦労が減り、お互いに気持ちよく過ごすことができます。

『子どものためのソーシャルスキルブック』（藤枝静暁監修／２０２２年／少年写真新聞社）

『イラスト版 子どものモラルスキル』（藤枝静暁著他／２０１９年／合同出版）

精神科の薬に関する本

子どもに薬はできるだけ飲ませたくないと思う保護者の方は多いです。副作用とか、いつまで飲み続けるのだろうといった、不安がつきまとうからです。薬の効果と副作用を知った上で、服用を判断するとよいでしょう。

『子どものこころの薬ガイド』（岡田 俊／２０２２年／日本評論社）

子どもの心の病気に関するサイト

厚生労働省は、以下のサイトで、心の病気に関する情報を発信しています。とてもわかりやすいので、まずはここを見てみるとよいでしょう。

『こころもメンテしよう ～ご家族・教職員の皆さんへ～』（厚生労働省）https://www.mhlw.go.jp/kokoro/parent/

●著者

藤枝静暁（ふじえだ・しずあき）

埼玉学園大学大学院心理学研究科教授。博士（心理学、筑波大学）、小学校教諭専修免許状、中学校教諭二種免許状（英語）、公認心理師、学校心理士、臨床心理士など。東京都ソーシャルスキルトレーニング支援在り方検討会委員、都内公立中学校・不登校支援アドバイザーなども務める。近著に、『イラスト版　子どものモラルスキル』（合同出版）、『小学生のためのソーシャルスキル・トレーニング』（明治図書）、『保育者のたまごのための発達心理学』（北樹出版）、『子どものためのソーシャルスキルブック』（少年写真新聞社）などがある。

●デザイン　JUNGLE　三森健太
●イラスト　水元さきの
●校閲　鷗来堂
●執筆協力　埼玉学園大学大学院修士課程
関　彩里（p.60-61 担当）
宮戸悠貴（p.120-121 担当）
梶原真衣（p.138-139、p.166-167、p.170-171 担当）
肖　婷（p.162-163、p.164-165、p.180-181 担当）
●編集協力　株式会社エディポック
●編集担当　柳沢裕子（ナツメ出版企画株式会社）

本書に関するお問い合わせは、書名・発行日・該当ページを明記の上、下記のいずれかの方法にてお送りください。電話でのお問い合わせはお受けしておりません。
・ナツメ社webサイトの問い合わせフォーム
https://www.natsume.co.jp/contact
・FAX（03-3291-1305）
・郵送（下記、ナツメ出版企画株式会社宛て）
なお、回答までに日にちをいただく場合があります。正誤のお問い合わせ以外の書籍内容に関する解説・個別の相談は行っておりません。あらかじめご了承ください。

不登校《ふとうこう》・登校《とうこう》しぶり　親子《おやこ》によりそうサポートBOOK

2023年7月3日　初版発行

著　者　藤枝静暁《ふじえだしずあき》
発行者　田村正隆

発行所　株式会社ナツメ社
東京都千代田区神田神保町1-52 ナツメ社ビル1F（〒101-0051）
電話　03(3291) 1257(代表)　　FAX　03(3291) 5761
振替　00130-1-58661
制　作　ナツメ出版企画株式会社
東京都千代田区神田神保町1-52 ナツメ社ビル3F（〒101-0051）
電話　03(3295) 3921(代表)
印刷所　ラン印刷社

ISBN978-4-8163-7393-0　　Printed in Japan
<定価はカバーに表示してあります><落丁・乱丁本はお取り替えいたします>